吉林全書

史料編

⑤

吉林文史出版社

圖書在版編目（CIP）數據
打牲烏拉志典全書；打牲烏拉地方鄉土志 /（清）雲生著；打牲烏拉總管衙門纂. -- 長春：吉林文史出版社，2024. 12. --（吉林全書）. -- ISBN 978-7-5752-0837-6
Ⅰ. K293.43
中國國家版本館 CIP 數據核字第 2024U19Y92 號

DASHENGWULA ZHIDIAN QUANSHU　DASHENGWULA DIFANG XIANGTU ZHI

打牲烏拉志典全書　打牲烏拉地方鄉土志

著　　者　[清] 雲　生
纂　　者　[清] 打牲烏拉總管衙門
出 版 人　張　强
責任編輯　崔劍俞　姜沐雨
封面設計　溯成設計工作室
出版發行　吉林文史出版社
地　　址　長春市福祉大路5788號
郵　　編　130117
電　　話　0431-81629356
印　　刷　吉林省吉廣國際廣告股份有限公司
印　　張　27.25
字　　數　85千字
開　　本　787mm × 1092mm　1/16
版　　次　2024年12月第1版
印　　次　2024年12月第1次印刷
書　　號　ISBN 978-7-5752-0837-6
定　　價　135.00圓

總序

『長白雄東北，嵯峨俯塞州。』吉林省地處中國東北中心區域，是中華民族世代生存融合的重要地域，素有『白山松水』之地的美譽。歷史上，華夏、濊貊、肅慎和東胡族系先民很早就在這片土地上繁衍生息，高句麗、渤海國等中國東北少數民族政權在白山松水間長期存在，以契丹族、女真族、蒙古族、滿族融合漢族在内的多民族形成的遼、金、元、清四個朝代，共同賦予吉林歷史文化悠久獨特的優勢和魅力，決定了吉林文化不可替代的特色與價值，具有緊密呼應中華文化整體而又與衆不同的生命力量，見證了中華民族共同體的融鑄和我國統一多民族國家的形成與發展。

提到吉林，自古多以千里冰封的寒冷氣候爲人所知，一度是中原人士望而生畏的苦寒之地，一派肅殺之氣。再加上吉林文化在自身發展過程中存在着多次斷裂，致使衆多文獻湮没、典籍無徵，一時多少歷史文化精粹『明珠蒙塵』，因此，形成了一種吉林缺少歷史積澱，文化不若中原地區那般繁盛的偏見。實際上，在數千年的漫長歲月中，吉林大地上從未停止過文化創造，自青銅文明起，從先秦到秦漢，再到隋唐直至明清，吉林地區不僅文化上不輸中原地區，還對中華文化産生了深遠的影響，爲後人留下了衆多優秀古籍，涵養着吉林文化的根脉，猶如璀璨星辰，在歷史的浩瀚星空中閃耀着奪目光輝，標注着地方記憶的傳承與中華文明的賡續。我們需要站在新的歷史高度，用另一種眼光去重新審視吉林文化的深邃與廣闊，通過豐富的歷史文獻典籍去閱讀吉林文化的傳奇與輝煌。

吉林歷史文獻典籍之豐富，源自其歷代先民的興衰更替、生生不息。吉林文化是一個博大精深的體系，從左家山文化的『中華第一龍』，到西團山文化的青銅時代遺址，再到二龍湖遺址的燕國邊城，都見證了吉林大地的文明在中國歷史長河中的肆意奔流。早在兩千餘年前，高句麗人的《黄鳥歌》《人參贊》以及《留記》等文史作品就已在吉林誕生，成爲吉林地區文學和歷史作品的早期代表作。高句麗文人之《新集》，渤海國人『疆理雖重海，車書本一家』之詩篇，金代海陵王詩詞中的『一咏一吟，冠絶當時』，再到金代文學的『華實相扶，骨力遒上』，皆凸顯出吉林不遜文教、獨具風雅之本色。

吉林歷史文獻典籍之豐富，源自其地勢四達并流、山水環繞。吉林土地遼闊而肥沃，山河壯美而令人神往，吉林大地可耕可牧、可漁可獵，無門庭之限，亦無山河之隔，進出便捷，四通八達。沈兆禔在《吉林紀事詩》中寫道，『肅慎先徵孔氏書』，印證了東北邊疆與中原交往之久遠。早在夏代，居住於長白山脚下的肅慎族就與中原建立了聯係。一部《吉林通志》，『考四千年之沿革，挈領提綱；綜五千里之方輿，辨方正位』，從時間和空間兩個維度，寫盡吉林文化之淵源深長。

吉林歷史文獻典籍之豐富，源自其民風剛勁、民俗絢麗。《長白徵存録》寫道，『日在深山大澤之中，伍鹿豕，耦虎豹，非素嫻技藝，無以自衛』，描繪了吉林民風的剛勁無畏，爲吉林文化平添了幾分豪放之感。清代藏書家張金吾也在《金文最》中評議，『知北地之堅强，絶勝江南之柔弱』，足可見，吉林大地與生俱來的豪健英杰之氣。同時，與中原文化的交流互通，也使邊疆民俗與中原民俗相互影響、不斷融合，既體現出敢於拼搏、鋭意進取的開拓精神，又兼具脚踏實地、穩中求實的堅韌品格。

吉林歷史文獻典籍之豐富，源自其諸多名人志士、文化先賢。自古以來，吉林就是文化的交流彙聚之地，從遼、金、元到明、清，每一個時代的文人墨客都在這片土地留下了濃墨重彩的文化印記。特别是，清代東北流人的私塾和詩社，爲吉林注入了新的文化血液，用中原的文化因素教化和影響了東北的人文氣質和文化形態；至近代以『吉林三杰』宋小濂、徐鼐霖、成多禄爲代表的地方名賢，以及寓居吉林的吴大澂、金毓黻、劉建封等文化名家，將吉林文化提升到了一個全新的高度，他們的思想、詩歌、書法作品中無一不體現着吉林大地粗狂豪放、質樸豪爽的民族氣質和品格，滋養了孜孜矻矻的歷代後人。

盛世修典，以文化人，是中華民族延續至今的優良傳統。我們在歷史文獻典籍中尋找探究有價值、有意義的歷史文化遺産，於無聲中見證了中華文明的傳承與發展。吉林省歷來重視地方古籍與檔案文獻的整理出版。自二十世紀八十年代以來，李澍田教授組織編撰的《長白叢書》，開啓了系統性整理、組織化研究吉林文獻典籍的先河，赢得了『北有長白，南有嶺南』的美譽；進入新時代以來，鄭毅教授主編的《長白文庫》叢書，繼續肩負了保護、整理吉林地方傳統文化典籍，弘揚民族精神的歷史使命，從大文化的角度折射出吉林文化的繽紛异彩。隨着《中國東北史》和《吉林通史》等一大批歷史文化學術著作的問世，形成了獨具吉林特色的歷史文化研究學術體系和話語體系，對融通古今、賡續文脉發揮了十分重要的作用。正是擁有一代又一代富有鄉邦情懷的吉林文化人的辛勤付出和豐碩成果，使我們具備了進一步完整呈現吉林歷史文化發展全貌，淬煉吉林地域文化之魂的堅實基礎和堅定信心。

當前，吉林振興發展正處在滚石上山、爬坡過坎的關鍵時期，機遇與挑戰并存，困難與希望同在。站在這樣的歷史節點，迫切需要我們堅持高度的歷史自覺和人文情懷，以文獻典籍爲載體，全方位梳理和展示吉林政治、經濟、社會、文化發展的歷史脉絡，讓更多人瞭解吉林歷史文化的厚度和深度，感受這片土地獨有的文化基因和精神氣質。

鑒於此，吉林省委、省政府作出了實施《吉林全書》編纂文化傳承工程的重大文化戰略部署，這不僅是深入學習貫徹習近平文化思想、認真落實黨中央關於推進新時代古籍工作要求的務實之舉，也是推進吉林優秀傳統文化保護傳承、建設文化强省的重要舉措。歷史文獻典籍是中華文明歷經滄桑留下的最寶貴的東西，是吉林優秀歷史文化『物』的載體，彙聚了古人思想的寶藏、先賢智慧的結晶。對歷史最好的繼承，就是創造新的歷史。傳承延續好這些寶貴的民族記憶，就是要通過深入挖掘古籍藴含的哲學思想、人文精神、價值理念、道德規範，推動中華優秀傳統文化創造性轉化、創新性發展，作用于當下以及未來的經濟社會發展，更好地用歷史映照現實、遠觀未來。這是我們這代人的使命，也是歷史和時代的要求。

從《長白叢書》的分散收集，到《長白文庫》的萃取收録，再到《吉林全書》的全面整理，以歷史原貌和文化全景的角度，進一步闡釋了吉林地方文明在中華文明多元一體進程中的地位作用，講述了吉林人民在不同歷史階段爲全國政治、經濟、文化繁榮所作的突出貢獻，勾勒出吉林文化的質實貞剛和吉林精神的雄健磊落、慷慨激昂，引導全省廣大幹部群衆更好地瞭解歷史、瞭解吉林，挺起文化脊梁、樹立文化自信，不斷增强砥礪奮進的恒心、韌勁和定力，持續激發創新創造活力，提振幹事創業的精氣神，爲吉林高品質發展明顯進位、全面振興取得新突破提供有力文化支撑，彙聚强大精神力量。

爲扎實推進《吉林全書》編纂文化傳承工程，我們組建了以吉林東北亞出版傳媒集團爲主體，涵蓋高等院校、研究院所、新聞出版、圖書館、博物館等多個領域專業人員的《吉林全書》編纂委員會，并吸收國内知名清史、民族史、遼金史、東北史、古典文獻學、古籍保護、數字技術等領域專家學者組成顧問委員會，經過認真調研、反復論證，形成了《〈吉林全書〉編纂文化傳承工程實施方案》，確定了『收集要全、整理要細、研究要深、出版要精』的工作原則，明確提出在編纂過程中不選編、不新創，尊重原本、致力全編，力求全方位展現吉林文化的多元性和完整性。在做好充分準備的基礎上，《吉林全書》編纂文化傳承工程於二〇二四年五月正式啓動。

爲高質量完成編纂工作，編委會對吉林古籍文獻進行了空前的彙集，廣泛聯絡國内衆多館藏單位，尋訪民間收藏人士，重點以吉林省方志館、東北師範大學圖書館、長春師範大學圖書館、吉林省社科院爲收集源頭開展了全面的挖掘、整理和集納；同時，還與國家圖書館、上海圖書館、南京圖書館、遼寧省圖書館、吉林省圖書館、吉林市圖書館等館藏單位及各地藏書家進行對接洽談，獲取了充分而精准的文獻信息。同時，專家學者們也通過各界友人廣徵稀見，在法國國家圖書館、日本國立國會圖書館、韓國國立中央圖書館等海外館藏機構搜集到諸多珍貴文獻。在此基礎上，我們以審慎的態度對收集的書目進行甄別、分類、整理和研究，形成了擬收録的典藏文獻名録，分爲著述編、史料編、雜集編和特編四個類别。此次編纂工程不同於以往之處，在於充分考慮吉林的地理位置和歷史變遷，將散落海内外的日文、朝鮮文、俄文、英文等不同文字的相關文獻典籍一并集納收録，并以原文搭配譯文的形式收於特編之中。截至目前，我們已陸續對一批底本最善、價值較高的珍稀古籍進行影印出版，爲館藏單位、科研機構、高校院所以及歷史文化研究者、愛好者提供參考和借鑒。

『周雖舊邦，其命維新』，文獻典籍最重要的價值在於活化利用。編纂《吉林全書》并不意味着把古籍束之高閣，而是要在『整理古籍、複印古書』的基礎上，加强對歷史文化發展脉絡的前後貫通、左右印證，更好地服務於對吉林歷史文化的深入挖掘研究。爲此，我們同步啓動實施了『吉林文脉傳承工程』，旨在通過『研究古籍、出版新書』，讓相關學術研究成果以新編新創的形式著述出版，借助歷史智慧和文化滋養，通過創造性轉化、創新性發展，探尋當前和未來的發展之路，以守正創新的正氣和鋭氣，賡續歷史文脉、譜寫當代華章。

做好《吉林全書》編纂文化傳承工程是一項『汲古潤今，澤惠後世』的文化事業，責任重大、使命光榮。我們將秉持敬畏歷史、敬畏文化之心，以精益求精、止於至善的工作信念，上下求索、耕耘不輟，爲實現文化種子『藏之名山，傳之後世』的美好願景作出貢獻。

《吉林全書》編纂委員會

二〇二四年十二月

凡　例

一、《吉林全書》（以下簡稱《全書》）旨在全面系統收集整理和保護利用吉林歷史文獻典籍，傳播弘揚吉林歷史文化，推動中華優秀傳統文化傳承發展。

二、《全書》收録文獻地域範圍，首先依據吉林省當前行政區劃，然後上溯至清代吉林將軍、寧古塔將軍所轄區域内的各類文獻。

三、《全書》收録文獻的時間範圍，分爲三個歷史時段，即一九一一年以前，一九一二至一九四九年，一九四九年以後。每個歷史時段的收録原則不同，即一九一一年以前的重要歷史文獻，收集要『全』；一九一二至一九四九年間的重要典籍文獻，收集要『精』；一九四九年以後的著述豐富多彩，收集要『精益求精』。

四、《全書》所收文獻以『吉林』爲核心，着重收録歷代吉林籍作者的代表性著述，流寓吉林的學人著述，以及其他以吉林爲研究對象的專門著述。

五、《全書》立足於已有文獻典籍的梳理、研究，不新編、新著、新創。出版方式是重印、重刻。

六、《全書》按收録文獻内容，分爲著述編、史料編、雜集編和特編四類。

著述編收録吉林籍官員、學者、文人的代表性著作，亦包括非吉林籍人士流寓吉林期間創作的著作。作品主要爲個人文集，如詩集、文集、詞集、書畫集等。

史料編以歷史時間爲軸，收録一九四九年以前的歷史檔案、史料、著述，包含吉林的考古、歷史、地理資料等；收録吉林歷代方志，包括省志、府縣志、專志、鄉村村約、碑銘格言、家訓家譜等。

雜集編收録關於吉林的政治、經濟、文化、教育、社會生活、人物典故、風物人情的著述。

特編收録就吉林特定選題而研究編著的特殊體例形式的著述。重點研究認定『滿鐵』文史研究資料和東北亞各民族不同語言文字的典籍等。關於特殊歷史時期，比如，東北淪陷時期日本人以日文編寫的『滿鐵』資料作爲專題進行研究，以書目形式留存，或進行數字化處理。開展對滿文、蒙古文，高句麗史、渤海史、遼金史的研究，對國外研究東北地區史和高句麗史、渤海史、遼金史的研究成果，先作爲資料留存。

七、《全書》出版形式以影印爲主，影印古籍的字體版式與文獻底本基本保持一致。

八、《全書》整體設計以正十六開開本爲主，對於部分特殊内容，如，考古資料等書籍采用一比一的比例還原呈現。

九、《全書》影印文獻每種均撰寫提要或出版説明，介紹作者生平、文獻内容、版本源流、文獻價值等情况。影印底本原有批校、題跋、印鑒等，均予保留。底本有漫漶不清或缺頁者，酌情予以配補。

十、《全書》所收文獻根據篇幅編排分册，篇幅適中者單獨成册，篇幅較大者分爲序號相連的若干册，篇幅較小者按類型相近或著作歸屬原則數種合編一册。數種文獻合編一册以及一種文獻分成若干册的，頁碼均單排。若一本書中收録兩種及以上的文獻，將設置目録。各册按所在各編下屬細類及全書編目順序編排序號，全書總序號則根據出版時間的先後順序排列。

目録

打牲烏拉志典全書……一
打牲烏拉地方鄉土志……三四九

打牲烏拉志典全書

［清］雲生 著

提要

《打牲烏拉志典全書》是吉林打牲烏拉地區最早的方志，共四册六卷。雲生著，光緒十年（一八八四）成書。主要版本現藏於吉林省圖書館。

全書包括歷代清朝皇帝的諭旨、敕詔、朱批、言論、内務府清朝内務府等官署的有關指示、命令、決議，打牲烏拉總管衙門的呈報檔案文書，等等。廣泛涉及打牲烏拉的地理、歷史沿革、經濟、政治、典章、物産、職官、牲丁數目、添裁俸餉、各項章程，以及獎罰制度、貢山、貢河、官莊、教育、兵事、外事、大事等地方歷史資料，構成打牲烏拉地方獨特的志書，實爲鄉土全書，亦是東北第一部地方專志。書志篇幅較大，有關打牲烏拉地方政治、經濟、歷史等各方面的資料都很豐富。比如，它記載有清代各級官僚殘酷剥削廣大牲丁的情况，还有當時東北的物産、交通、外交及工農業生産等方面的資料，大都是第一二手的材料。記載了俄國分界、東海防守、符拉迪沃斯托克（海參崴）駐防，以及烏拉地方支邊的資料，爲研究俄國侵華史提供了寶貴的資料。

全書除大量記載采捕進貢活動外，還全面記載了歷朝烏拉的緊要事宜，記載了烏拉兵參加鎮壓太平天國、撚軍、金川起義的軍事活動，時間準確，數字詳明。凡此種種，全書既是烏拉與全國關係的原始記録，也是烏拉地方的大事記録。

全書材料來源于《清實録》《清會典》《盛京通志》和檔册、吏牘，還包括二〇〇年來打牲烏拉地方各方面的大事和根本要史。又詳細記載了清政府對該地區的有效管轄及滿族開發該地的貢獻，是研究清史、滿族史、東北民族史的重要參考資料。

因國内館藏機構均無《打牲烏拉志典全書》卷三底本，經吉林省書目普查知曉，卷三由長春市老中醫趙東升收藏，其是打牲烏拉總管衙門七品驍騎校雙慶後裔，《打牲烏拉志典全書》卷三流傳并保存在趙老先生家裏，品相完好。經編者反復與其溝通，最終從趙氏手中購得影印出版權。此次《打牲烏拉志典全書》卷三的出版，開國内之先河，版本價值十分珍貴。

爲盡可能保存古籍底本原貌，本書做影印出版，因此，書中個别特定歷史背景下的作者觀點及表述内容，不代表編者的學術觀點和編纂原則。

竊思會典之案以彰編修之律而啟相傳於後凡歷代

帝王無不以

國史為重古今通以綱目為條於是設朝設署輯集會典緊要援案擇叙畧節詳

細簽查事宜以歸簡易永誌於後溯查本署旗僕係我朝

太宗文皇帝御基由來本處以圍獵貂皮刨剜人葠進實納貢隨奉

特旨烏拉係發祥之勝地理宜將所遺滿漢旗僕原屬一脉相關就在烏拉設署安

官即為一枝捕

貢兵丁由都京總管内務府分司節制不與駐防衙門干預等因遵將原設官缺

兵丁等次原隸添裁俸廪餉糈減折改增以及歲捕呈進

貢鮮採捕東珠各項差徭舊設章程一一分晰臚列於後

新增纂輯誌典全書原序

粤稽烏拉總管衙門原係我
朝發祥根本重地自
太宗文皇帝御極之初專為採捕
本朝各
壇
廟
陵寢四時祭品而設向由都京總管内務府分區之地當蒙
太宗文皇帝專
賞採貢田土從無雜稅所有教民行政之道均係專奉

特旨指示遵行至今已閱二百餘載窃上年雖經小修止就陳定章程依類編續其
從前舊案或添或裁積久漸多理宜重新逐一修正適值光緒十年四月間得奉
憲諭選委熟諳歷案之總理印務處委翼領英喜兼理印務處事宜驍騎校來喜
掌稿記名倉官恩銘並揀派勤能供事之筆帖式富來聯桂毓魁喜全等會同
揀派滿漢熟習之貼寫等另立會館常領飯銀合將歷年欽奉
上諭及議准本署官員兵丁減增廉俸餉糈應捕東珠及歲
進鱘鰉魚松子蜂蜜各項
貢品
欽定額數賞罰章程並採取供品之
貢山貢河界址凡有干於政一應摘要編續分類增輯繙譯清文創錄成本名之

曰誌典全書傳繼世世歷烏拉總管衙門根本要史不致湮没於後但典禮有
定而制度無常仍冀日後勤補闕畧焉是為序
時
光緒十年歲次甲申季秋月英喜謹序

總纂官總理印務處管理採珠左翼四旗事務紀錄二次 委署翼領英 喜

纂修官兼理印務處管理採珠正黃旗事務紀錄一次驍騎校來 喜

纂修官兼理銀庫事宜印務處掌稿記名倉官恩 銘

詳校官年滿倉場筆帖式富 來

詳校官倉場筆帖式聯 桂

詳校官委筆帖式毓 魁

喜 全

校對貼寫達忠 廉

魁 慶

玉 春

謄錄貼

寫慶衡

德興阿

雙林

祥泰

榮順

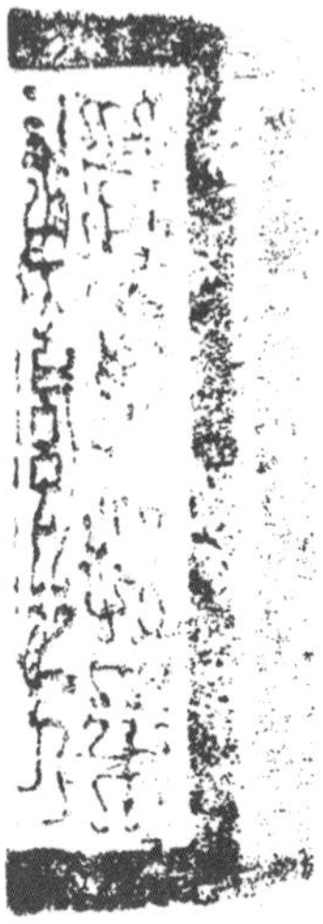

誌典全書目錄

卷一

三品總管附免稅免裁界官　四品翼領
五品委署翼領　驍騎校
倉官　學官
筆帖式　六品委署驍騎校章京
七品委署驍騎校章京　委官
領催　珠軒達
鋪副　打牲丁
鉄匠弓匠　仵作

五官屯領催
原設各項差佔章程
卷二
城垣衙署
滿漢義學
採捕東珠
採捕蜂蜜
採捕魤魚
卷三
貢江

庄頭壯丁
新定領催至牲丁等額數
倉廒
協領衙門附金川巴哩昆察哈爾兵
採捕松子
採捕鰉魚
添裁俸餉
貢山

貢河
五官地
喀薩哩
凉水泉

卷四

哦囉斯分界
東海防守
楚北防勦
山東征勦
海山嵗駐防
庫倫駐防

卷五

康熙年緊要事宜
雍正年緊要事宜
乾隆年緊要事宜
嘉慶年緊要事宜
道光年緊要事宜
咸豐年緊要事宜

同治年緊要事宜

卷六

設産硝

設硝店

設買火硝執照

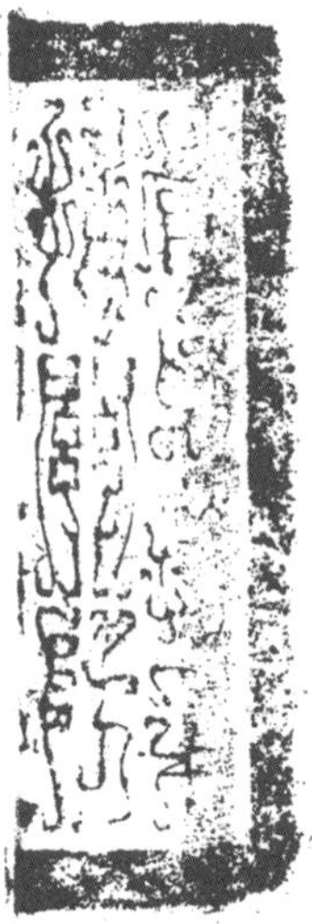

光緒年緊要事宜

定例稽查火硝

放硝違

煎熬火硝執照

誌典全書卷一

三品總管

一查烏拉原設係順治年間以前如何設立之處某大臣幾員係何品級因記録檔案文移等事俱在嘎善達邁圖家内存貯至康熙三年邁圖之子原任總管希特庫室被回祿檔案焚燒不齊無憑稽查

一原設管理烏拉地面係嘎善達邁圖於順治十四年將邁圖放為六品總管伊子希特庫放為六品翼領至十八年經都虞司具

題復將希特庫改為四品總管希特庫遺缺將伊弟滿達爾漢放為總管滿達爾漢遺缺由伊侄穆克登放為總管於康熙三十七年奉

旨改為三品總管養廉銀二百兩由都京廣儲司關領俸銀一百三十兩康熙五十

八年穆克登著放副都統西路出征其總管任務着吉林協領張來署理於雍
正三年奏
旨張來着放副都統仍辦總管事務雍正六年副都統穆克登陞授前鋒統領赴都
召見面奏
諭旨飭令旋回仍辦總管事務即令張來暫行迴避於雍正七年穆克登奏擇吉期
啟程前往阿爾太軍營出師其總管任務准都虞司洛稱奏
旨著郎中富德署理烏拉總管事務雍正十年富德緣事革職將總管事務著值年
侍衛官翼領達揚阿署理又查雍正七年副都統格莫兒調奏烏拉總管穆克
登缺出或由内府官員揀放或由穆克登本族之人驗放等因具奏奉
旨仍在穆克登族内選放等因欽此遵即查得伊子三等侍衛穆朱祜帶領引

見奏
旨著放總管仍戴花翎
乾隆八年穆朱祜病故咨報都虞司於乾隆九年准都虞司咨稱奏
旨將總管之缺著放頭等侍衛綏哈那食養廉銀二百兩採珠廂黄旗包衣八十佐
領下人
乾隆十五年綏哈那緣事革職回京其總管之缺奏
旨着由内務府官員内揀其優能者簡放其總管事務暫著吉林將軍皁鼐兼理於
是年准内務府咨稱奏
旨將護軍統領巴格着放烏拉總管食俸銀一百三十兩養廉銀五百兩
乾隆二十年奏

旨巴格陞授堂郎中其遺出總管之缺以本處翼領索柱簡放賞戴花翎食俸銀一
百三十兩養廉銀二百兩
乾隆三十年索柱緣事降級以翼領留用其總管之缺奉
旨着放護軍統領雍和食俸銀一百三十兩養廉銀五百兩乾隆三十四年雍和奉
旨賞給內務府大臣銜調轉
熱河其遺出總管之缺簡放翼領索柱
乾隆四十二年十二月二十一日奉
旨查打牲烏拉總管應進東珠鰉魚一年不抵一年將此着照
盛京包衣佐領之案歸於吉林將軍富康安兼辦其將軍應行閱畫之事着值班
筆帖式送閱乾隆五十年奉

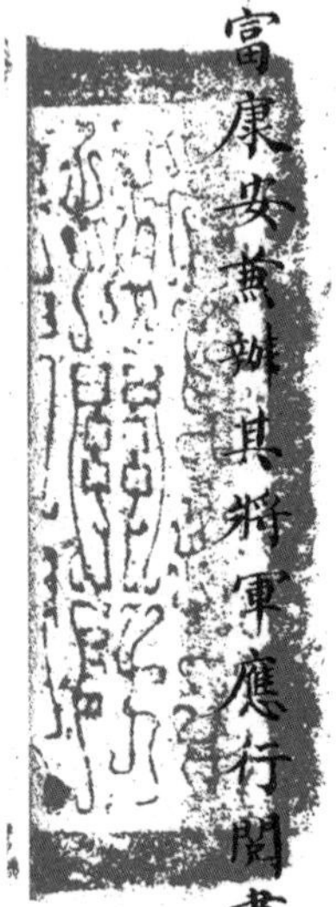

旨總管索柱着放吉林副都統仍兼辦烏拉總管事務照總管仕給養廉銀二百兩
乾隆五十一年五月十三日准都虞司咨開據總管索柱專奏自此打牲烏拉應
進東珠鰉魚揀選官缺三事歸吉林將軍兼理其別項差務並與將軍畫閱等事
寔覺冗繁請
旨飭裁等因
軍機大臣奏
旨依議欽此
乾隆五十三年總管索柱病故遺缺經吉林將軍奏明奉
旨著放伊子郎中吉祿食俸銀一百三十兩養廉銀二百兩
嘉慶二年奉

旨吉祿著放吉林副都統仍兼理烏拉總管事務照總管任食養廉銀二百兩嘉慶
七年十二月十八日内閣抄出奉
上諭查吉祿奏稱伊母八旬懇　恩開除副都統之缺專辦烏拉總管事宜以便侍
養伊母等因著准開去副都統之缺仍辦總管事務俸銀一百三十兩養廉銀二
百兩嘉慶十六年吉祿病故經吉林將軍奏明奉
旨將此缺著放翼領爾德佈嘉慶二十四年爾德佈病故以此缺揀放翼領佗克通阿
道光十八年佗克通阿因年老眼睛昏花專摺奏懇開缺奉
旨著吉林將軍復奏奉
旨將總管之缺揀放翼領德稜額道光二十年德稜額病故其遺出之缺奉
旨著放翼領奇成額二十三年奇成額因凉水泉荒地被參奉

旨著降三級調用 其遺出總管之缺奉
旨著放翼領書騰阿
咸豐元年書騰阿原品休致遺出總管之缺奉
旨著放翼領花凌阿
咸豐四年花凌阿病故遺出總管之缺奉
旨著放翼領祿權查該總管於咸豐三年八月間在四品翼領任內經吉林將軍奏
准署理雙城堡總管事務因陞任烏拉總管之缺調回本任於咸豐九年三月
二十一日准奉省文將軍景綸奏明三年任滿赴京
陛見請將將軍任務著交副都統特普欽署理其副都統任務著交烏拉總管祿權
署理其總管任務着翼領富有署理又於本年九月初一日准奉省文吉林副

都統特普欽署理江省將軍任務其副都統任務仍着前署吉林副都統烏拉
總管祿權署理仍辦理烏拉捕務一切事宜於同治元年正月二十九日准奉
省文將軍景綸具奏烏拉總管祿權率領翼領等官勸諭弁丁籌助防衛尚屬
出力請
旨着賞加副都統銜其餘翼領等官著該將軍自行獎勵欽此
同治四年總管祿權原品休致遺出總管之缺奉
旨著放翼領蘇章阿
同治五年蘇章阿病故遺出總管之缺奉
旨著放翼領巴揚阿於同治八年四月二十四日接准將軍衙門咨文内開署吉林
副都統毓福現丁母憂循例回京守制百日所有副都統任務著交總管巴揚阿

暫行護理仍兼烏拉總管事務
同治十年巳揚阿病故遺出總管之缺奉
旨著放翼領格圖鏗阿
光緒六年格圖鏗阿原品休致遺出總管之缺奉
旨著放翼領雲

免稅

一查烏拉地面向奉
恩旨不准設立稅務以杜朘削之弊前於光緒六年曾經吉林將軍因籌款助餉在於
屬界集市添設斗稅厘捐等因本街大小鋪商每年交錢二千數百吊權令商
人包納業經報部本署未敢引案梗阻攸關濟餉之見突又光緒八年十月內

署吉林府李金鏞為整頓畜稅稟請四鄉分局在烏拉界內缸窑屯溪浪河白旗屯七台木烏拉街等處集鎮出示設局於十月初一日起並派書巡沿村挨戶挨門查寫生理鋪戶照賬抽收添設落地子母之稅一無漏網界居旗民寔屬疾苦嘖嘖怨忿羣議沸騰第思本署前奏

懇旨不准設稅縱無他署稅取不意該署府並未

奏請亦未報部又無知會本署遽然公行致干功令是以溯查本署公用心紅紙張奉文停止請領各就本處公款動用當因本署別無另款開銷是以於乾隆三十六年間經前任總管索柱具

奏本衙門應用紙硃筆墨原由兩京戶工部請領嗣據大學士殷吉山等

奏准各處由部請領紙硃概行停止惟因生齒日衆公務殷繁各公處應需心紅

等項即由拏等俸餉銀內按年奏資銀一百四五十兩備抵心紅公費是以拏
擬請在本處街市添設畜稅斗稅特派員役分局收輸稅銀備抵心紅資需有
餘充餉等因據情
奏請奉
旨敕交內務府大臣議奏欽此欽遵當蒙議覆臣等查烏拉總管所奏情節理宜如奏
擬辦但烏拉尚不抵吉林所屬一隅係內僕之區其街面商賈貿易平常委非
省會人烟輻輳市廛興騰如立稅輸銀事必繁雜難保不無不肖員役藉端苛
求需索地面朘削旗民寔與生計有碍所奏添稅臣等詳查碍難議准其烏拉
與吉林相距咫尺所屬一區需用紙硃等項銀兩仍由吉林將軍需費內從儉
酌核撥給等情是否之處伏候

命下咨知該將軍總管照辦遵行謹
奏奉
旨依議欽此欽遵由是
聖諭煌煌奉行至今不准内僕共瞻
殊恩凡界居旗民咸霑
庇蔭迄今一百餘年終無異説歷任廳官敬謹奉行雖年沿代遠今昔雖非而本
署界址褊小如舊地面仍前澆薄户口覺前倍蓄生計愈形拮据曾經總管雲
引案報請吉林將軍鑒核仰体
先皇諭旨不准在烏拉地面設局抽稅而免朘削旗民寔無生計有碍情形請將屬界
集鎮大小村屯旗民落地子母牲畜稅一律撤消歸符舊制而安衆心等因報

請旋准省文内開該衙門一百餘年前内務府議覆該衙門紙筆不准收稅原
奏所奉
諭旨作為永遠免稅之文未免錯悞僅以該署知府稟覆因公下鄉者查本年秋收不
豐糧價平常暫行裁撤收稅俟來年夏秋之間豊盈務當擬定章程詳請
奏明辦理等因准此本署不勝悚然詳查前
旨雖無永遠免稅之文亦未限有另項再稅本署不敢曲别惟有欽遵敬行一百餘年
溯查原設牛馬牲畜稅務局係在吉林省會牛馬行設立終未落鄉挨收該知
府整頓稅務充餉是其專責本署曷敢攔撓但本烏拉界内距省七十餘里向奉
恩旨不准抽稅原委前已報明該署府竟自公然於八年十月初一日起至十二月二
十五日因年歲不豊暫停已稅八十五日顯見本署奉有前

旨不准設税難足為據攸關体制是以本署謹擬明宣前
旨出示曉諭界屬集鎮遵行抑或泐碑敬守俾免再行滋擾但此案本署不敢擅專原
係本府遵
旨議覆飭行之件本署曷敢隱循理合聲明於光緒九年正月二十一日呈報總管内
務府指示是否擬辦之處請即知會吉林將軍衙門知照外並示知本署遵行
旋於光緒十年正月十六日准内務府示覆内開除烏拉總管呈報原文減叙
外等因呈報前來查乾隆年間所奉
諭旨及本府議覆原奏委因年湮日久無從檢查是以未經示覆今復據以現值秋收
恐再抽税呈請示覆遵行前來查烏拉地方雖係本府分區究在吉林將軍統
轄境内本府碍難覈辦今届秋收如該將軍仍委員抽收税課應由該總管自

行奏明咨商該管將軍奏明請
旨辦理可也等因准此本衙門理合敬守倘該將軍再行委員挑取本署咨奏抑或
商該將軍
奏請辦理但
先皇諭旨在前豈容湮沒弗彰烏拉界屬雖在吉林將軍統轄境內究非吉林將軍統
轄之區原本烏拉在前
國初設有噶善達邁圖經理
貢品統轄地面管界週圍四百餘里嗣於順治十五年後陸續添設三品掌印總
管翼校倉官筆帖式等員分治内府上三旗下五包衣戶口康熙十五年鎮守
寧古塔等處地方將軍挪移吉林即改鎮守吉林等處地方將軍續奉

諭旨兼理烏拉三事每照文鎮守吉林等處地方將軍兼理烏拉揀選官員鰉魚東珠等事循遵至今生齒日繁旗户四萬餘名口食餉領催珠軒頭目牲丁等四千餘名村屯三百餘處所有旗民雜處每遇交涉事件歸併吉林將軍辦理民户細故悉歸吉林府管轄其烏拉界屬設有界官八員管理屯田緝查賭盜以及本署文案公牘並俸餉約需關領均係總管自行經理委非吉林將軍節制故移文照會内府外旗各有專轄區別已歷二百餘年豈無限制詳查斯案前奉

本府遵

旨議覆因内府旗僕僻居一隅與省會有别不准本署稅取飭交遵行之件雖於乾

隆年間得蒙

先皇曠典第未能家喻户曉勒石銘

恳致令沉湮已久而有近日違謬妄税之事接踵而生倘仍循故轍復鑒前車則
其弊當有不可勝言者查上年該將軍在烏拉境内添設牲畜落地子母税並未
奏請亦未知會公然收取八十五日又至總管援案報出併隨聲明咸豐同治
年間本署餉懸無措勢出萬難尚不敢違制設税何況該吉林府越界税取有
干未便等情雖經該將軍税撤究未明遵前
旨顯寓後圖如該將軍若再設税定必先行
奏請斗税之鑿假新令以紊舊章總管又當如何措置縱宜恪遵前
旨永遠昭垂不惟
煌煌天語歷久常新即該將軍亦難再行藉口是以總管按本署管下烏拉街溪浪河
屯白旗屯七台木屯缸窑兩家子屯等鄉下集鎮六處並蒙

天恩賞給烏拉津貼當差凉水泉土橋子興隆鎮等處一併明宣
先皇天恩曉諭咸知謹將此文勒石奉行永遠敬守立案報明倘該將軍違謬總管有
案可據即行入奏等情總管一一舉行理合呈報本府立案伏乞
矜憐轉咨吉林將軍衙門一体知照共念
先皇無盡之恩造窮僕無疆之福則遺澤孔長官丁幸甚是為德便等情據此擬合呈報
憲台衙門鑒核在案嗣於光緒十年八月十八日准總管內務府示覆內開除
由本府存案據咨行知吉林將軍外相應劄行該總管查照可也等因准此除
本衙門遵即按所屬集鎮敬謹泐碑明宣
皇恩欽遵奉行外暨咨報將軍衙門立案並咨行伯都訥副都統衙門查照及移付
吉林北路監督関防處轉飭金珠鄂蘭等站同城協領孤榆樹同知吉林府等

衙門一体知照及曉諭查街處四界五官屯各集鎮一体遵照奉行在案

免裁界官

一光緒八年十月初二日准將軍衙門咨開准烏拉總管衙門咨開准將軍衙門咨開遵奉軍憲劄開照得各處設立界官原所以稽查奸宄查禁娼賭及緝拿逃兇逃盗分界巡查各專責成並派總查以督飭之立法之初規模非不盡善第積久玩生而一二不肖員弁又復藉差舞弊橫肆貪婪轉將正經公務置而不問故近年以來各路界官並未聞報獲一盜查緝一匪而詐贓擾累之案層見叠出如上年阿勒楚喀之東山界官雲騎尉富全因案詐索李泳汰錢文本年四月間馬廠牌頭曹文廣控案内之界官雲騎尉胡陞阿有允受丁泳發開付店賬情事五月間伯都訥界官雲騎尉常山失查兵丁誣良為盜拷逼詐錢七月間鄉約沈桂亭呈控界官雲騎尉富常阿索結強拉騾頭各等情雖俱隨

時分別情重叅革撤差而地方貽害已屬無窮現在各處添設民官棋布星羅足資控制所有界官及總查名目應即一併裁汰以免分擾合行劄飭到該司即便遵照辦理迅速特劄等因奉此除未經添設民官之甯古塔三姓琿春暫仍照舊辦理外相應呈請照會烏拉總管衙門遵照文内事理即將各該處界官一体裁撤可也等因准此本衙門應即遵將四路界官裁撤俾免外旗藉口但本署原係打牲衙門所有在署額設大小官員通年分司採捕事宜屬下三旗五包衣户口散居四界本署管界週圍四百餘里幅員不大男婦子女四千餘户三萬餘名口屯田細故賭博賊匪再再堪虞在署官員勢難兼顧始行

奏請由食餉筆帖式委官内揀放七品章京八員查此八員於乾隆十六年經總管巴格奏設常爲分隸四界查管旗户旋於嘉慶四年間經前任總管吉祿因

四界責重生齒較前倍繁鼠牙雀角不勝枚舉微末職銜難期管理復行
奏請將七品章京八員內改為六品虛銜食餉章京四員咨送內務府帶領引
見、旋署接任界務挨俸候補驍騎校始行轉調管旗經理採捕未補驍騎校俸前通
年在界按月晋署畫稿一次本署四界每界管界六品虛銜食餉章京一員七
品食餉章京一員共六品章京四員七品章京四員以資彈壓係其專責除管
查本署旗户之外凡界屬集鎮大小商賈並粮民浮民遇有事故均歸該鄉地
管理若有旗民交涉事件移報省廳核辦本署管界員弁毫無干預殊與外旗
走界員弁有別如阿勒楚喀拉林雙城堡未設民官以前各該界員查界並協
理民詞遇有事故隨時更換各歸各旗本署界官向係
奏設界缺管理屯田嚴束內僕慎重户口而安閭閻遇有事故非參即革另行揀

放接管該員委無可歸之處嗣於咸豐三年内本署准奉部文本衙設有官硝店本署四界五官屯旗户内半多掃土熬硝均經界官管理請發執照熬成硝砲押運官硝店不准該硝户積存私囤嚴密稽查按月結報並飭令各該硝户等兩鄰該屯嘎善達屯撥什庫等互相監守而防偷漏私售匪人軍火為重殊非淺鮮並旗户内緝兇等事均依該界員弁等是究兹奉省文裁撤界官固屬添設同通等廳責有攸歸應免政務紛歧是屬利民除害之善政但本署界官係管理本署旗户以歷二百餘年相安已久若遽然更章諸多不便不但火硝難期嚴密被裁界官引

見六品章京四員七品章京四員別無責任撤歸似覺未便且又二百多村屯七十餘嘎善達無有管束則界務硝務不堪設想矣是以本署謹將四界添設界缺

管理屯田等事始末除内僕旗户其外毫無干涉原委並將地方情形現在窒碍之處不揣冒昧瑣瀆縷陳伏維鑒原可否仍從舊制抑或仰照内務府添設守堡領催之例暫緩裁撤出自鴻慈等情合亟呈請備文報明等情據此擬合咨報將軍衙門鑒核示覆遵行等因前來查該總管咨呈烏拉地方前經
奏設管界六品章京四員七品章京四員分界稽查各屯田户私熬硝土等事玆若遽然更章諸多不便且該界官係屬專設管界若已裁撤别無責任可歸可否仍從舊制暫緩裁撤等因係屬寔在情形自應准其暫緩裁撤惟該界官雖准留用只准管理該處旗户屯田私熬硝土事宜不准干預地方民間公事以免擾累等因據此相應呈請照會烏拉總管衙門查照辦理在案

四品翼領

一查原設翼領二員於順治十四年將希特庫額奇佈放為六品翼領帮同總管辦事順治十八年希特庫陞授四品總管遺出六品翼領之缺揀放筆帖式輝那又額奇佈亡故遺缺揀放額黑康熙二十一年輝那遺缺揀放昂鈕康熙三十一年額黑遺缺揀放伊子羅禪康熙三十七年奉

旨翼領羅禪等改為五品頂戴食俸銀八十兩是年昂鈕因年老告退遺缺揀放領催穆哈那雍正三年穆哈那遺缺揀放驍騎校烏林佈而烏林佈因事革職遺缺揀放藍翎驍騎校南泰雍正八年羅禪南泰因事革職遺缺揀放京員藍翎前鋒校色克圖雍正十三年三月初五日准都虞司咨文准內務府具奏查前據副都統格莫兜片奏色克圖現經調回原任其遺出翼領之缺若由京員內

揀放寔與各項捕務不諳請將此缺由本處驍騎校内揀放人地相宜庶於捕
務大有裨益等因奏
旨依議欽此遵即揀放本處驍騎校多尼擬正王三柱擬陪其遺出驍騎校二缺揀
放委署驍騎校花色擬正烏爾舒擬陪
乾隆五十六年總管吉祿年班
召見面奏將本處人丁滋生蕃盛請加牲丁一千名與陳丁一律捕差又請將五品
翼領改為四品其五品之缺由驍騎校改放二員由筆帖式委署驍騎校内改
放六品委署驍騎校二員由領催白唐阿内添委官二員等因奏准在案於乾
隆五十七年將左右翼翼領海福安海均改為四品頂戴仍食俸銀八十兩至
今永未更章

五品委署翼領

一查原設五品委署翼領四員於乾隆五十六年總管吉祿

召見面奏請將五品翼領改為四品以此添設五品委署翼領二員由驍騎校内揀放於乾隆五十七年將驍騎校遜他哈兆寧放為五品委署翼領於嘉慶四年十二月二十四日復經吉林副都統烏拉總管吉祿具

奏查烏拉所設官員不敷差遣仰祈

天恩請將由食俸之驍騎校九員内加添五品委署翼領二員其舊有五品委署翼領二員專管採捕東珠蜂蜜八旗事務新添二員着管捕魚八旗事務按年出派一員巡查捕魚河口一員留城辦事等因奏准於嘉慶四七兩年將驍騎校舒明阿德生額放為五品委署翼領仍食驍騎校俸銀六十兩至今永未更章

驍騎校

一查原設驍騎校於康熙三十九年准工部咨文據烏拉總管咨稱本處近來人丁蕃盛並發遣人犯加八旗牲丁二千餘名爲數甚鉅雖有領催二十七名並無官職難期管束等因請由二十七名領催内放催總七名均爲七品等因具奏奉

旨將領催訥海文泰扎凌阿索柱烏三泰珠軒達依哈達西斡放爲驍騎校欽此乾隆二十四年總管索柱奏因人烟繁盛請添驍騎校四員等因奉

旨依議着由筆帖式委驍騎校内揀用以上共驍騎校十一員内於乾隆五十六年嘉慶四年二次改爲五品委翼領四員實有驍騎校七員食俸銀六十兩至今永未更章

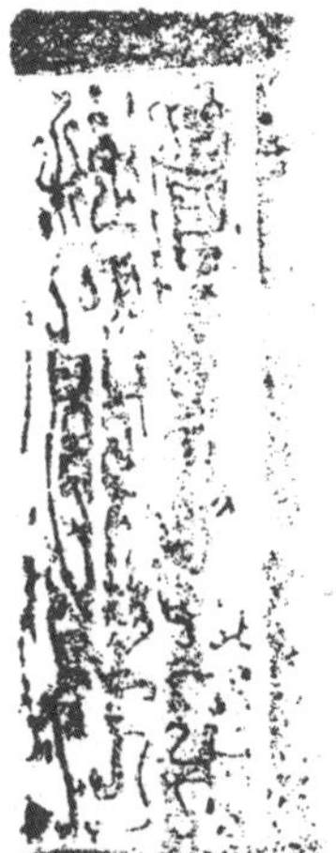

倉官

一查原設倉官於乾隆二十七年經總管索柱奏打牲烏拉向無倉官管理倉務及致饑寒之年霉爛倉谷亦不能接濟貧丁糊口等欲將打牲烏拉之倉援照東三省等處放倉官筆帖式之例揀放倉官一員筆帖式二員應驗倉官人員由等衙門筆帖式內驗其滿漢字優能者考放正陪二員咨送吏部帶領引

見仍食筆帖式餉銀不開底缺俟三年任滿無過保奏送京以主事陞用倘該員無力攜眷赴京情願候本處缺即以本處驍騎校儘先陞用其倉場筆帖式二員由貼寫行走委筆帖式內揀放俟過三年差滿如果勤慎即以筆帖式補放等因具

奏內大臣奉

旨議准照例揀放倉官一員委筆帖式二員管理倉務其倉官毋庸咨送吏部仍送

本憲衙門帶領引
見其委筆帖式二員如誠實勤慎咨報本憲衙門即以本處筆帖式驗放等因奏准
即於是年將筆帖式永福扎普占咨送内務府帶領引
見奉
旨著放永福乾隆三十年永福倉官年滿保奏放爲都京額外主事其遺缺揀放筆
帖式扎普占陞授其三年任滿保送引
見即以本處驍騎校補用其遺缺補放記名倉官海福嘉慶九年十二月内復准總
管内務府漢文内開軍機大臣議奏查打牲烏拉倉官三年任滿未免過優自
此改爲五年一任如果差務奮勉將該員照例保送都京以主事陞用等因具
奏嘉慶十四年倉官雙保五年任滿保送引

見以本處驍騎校補用其遺缺揀放八品筆帖式鄂新保查倉官原係三年一任後
改五年一任俟缺出時報明吉林將軍與總管即由本衙門筆帖式内挑驗正
陪保送引
見其倉場委筆帖式二員仍以三年報滿以筆帖式陞用如筆帖式缺出無有應驗
之年滿倉場委筆帖式即以貼寫白唐阿内揀其優能者補放再查由貢生生
員監生補放筆帖式者照例報部請作七品八品筆帖式七品每年給俸銀三
十三兩隨俸米三十三斛至八品每年給俸銀二十八兩隨俸米二十八斛其
陞授倉官倉場委筆帖式者隨時咨報内務府立案
一道光四年閏七月二十日准吏部來咨内務府咨稱據候補主事福連呈稱窮
職由倉官任内年滿保送來京以主事候補現因補缺尚須時日資斧不濟且

職母年逾七十情殷奉養爲此呈請暫行回籍伏乞俯准給與出關路引俾得起程前往並乞批交都虞司俟職補缺到班時行知打牲烏拉總管職再行來京候補等因除咨行兵部照辦給出山海關票照外相應知照吏部查照等因前來查內務府候補主事福連由烏拉倉官年滿以主事用茲該員因資斧不濟呈請暫行回籍既據內務府咨行兵部辦給出關票照准其回籍相應照咨轉行兵部給發口票外並知照吉林將軍查照在案

學官

一查原設滿教習於同治八年九月十九日准將軍衙門咨文內開將軍富明阿
奏為整頓吉林清語騎射調劑增設五城滿漢文教缺額以固根本在於無品級
筆帖式內揀其精通清文清語兼通騎射漢文之人考放報部永遠作為定額
不開底缺揀充時勿庸送部引
見考其所教旗人子弟如果清語明通多半教導有方着有成效者即以該處驍騎
校俟過三缺照例補用等情奏
旨着照所請欽此准奏等因前來即於同治十年九月內將筆帖式全明揀放滿教
習之缺三年任滿保送引
見即以本處驍騎校俟過三俸照例補用至今遵行永未更章

筆帖式

一查原設筆帖式於順治十四年間設有筆帖式二員順治十八年筆帖式輝那

陞授翼領康熙三十七年准工部奏添筆帖式二員雍正三年本衙門

奏添筆帖式三員共七員雍正九年准奉內大臣議奏請將烏拉之筆帖式仿照

奉天之例每員每月給銀一两倉米一斛一米折倉谷二斛給領等因依奏欽此

六品委署驍騎校章京

一查原設六品委署驍騎校委署章京於乾隆五十六年總管吉祿
召見面奏因人丁蕃盛官不敷用請由筆帖式委署驍騎校內改添六品委署驍騎
校二員嘉慶四年復經吉林副都統烏拉總管吉祿奏烏拉官員仍不敷用仰祈
天恩請由筆帖式委署驍騎校內改添六品委署驍騎校二員再烏拉與吉林屬界
接壤兵民摻居雖出派筆帖式領催等八名委為章京分為四路巡查屯界緝
查盜匪均係微末之員遇有交傳事件難免不無貽悞請將此八員內賞放六
品頂戴委署章京四員等因奉
旨依奏欽此嘉慶八年復奏烏拉陞授虛銜各員係已引
見之人俟俸缺出時毋庸赴京補授由本衙門挨次補用以節盤費等因奉

旨依奏欽此嘉慶九年驍騎校爾德佈遺缺循例報明總管內務府揀次補放六品

委署章京依三泰寔有六品委署驍騎校委署章京共八員仍食原餉至今循

遵永未更章

七品委署驍騎校章京

一查原設七品委署驍騎校委署章京於雍正六年值年侍衛
奏放七品委署驍騎校七員委領催十一名如委署驍騎校缺出以委領催補用
又乾隆十六年總管巴格奏烏拉旗民搀居出派官八員領催八名在於烏拉
屬界分為四路查緝盜匪等因
奏奉内大臣議覆著放委署章京八員此缺出時以委領催内補放又嘉慶四年
十二月二十四日經吉林副都統烏拉總管吉禄奏巡查邑界雖有委署章京
八員職分均係微末遇有交傳事件難期慎重仰祈
天恩由八員委署章京内賞放六品頂戴四員分路查界以資彈壓等因奏准欽此
查三次

奏放七品委署驍騎校七員委署章京四員仍食原餉遵行至今永未更章

委官

一查原設寔缺委官於乾隆四十四年正月二十八日經吉林將軍霍隆武奏烏拉官員不敷遣用請由領催珠軒達内放委官十員此缺出時以委領催補用

乾隆五十六年經總管吉祿

召見面奏由白唐阿領催内加添委官二員等因奏准欽此嘉慶二十四年吉林副都統兼烏拉總管事務吉祿奏烏拉官員仍不敷用請由白唐阿領催珠軒達内加添委官二員等因奉

旨依奏欽此查三次奏添委官共十四員至今永未更章

領催

一查原設八旗領催八名於康熙八年因捕打鱘鰉等魚無有領畧等情咨行工部添放領催八名康熙二十四年經總管內務府工部議奏放採蔘領催三名康熙三十四年因人丁蕃盛經內務府議奏

上三旗著放領催三名三十七年經工部奏下五旗添放領催五名查以上五次共放領催二十七名內除食二十四兩餉銀採蔘領催三名外寔剩食三十六兩餉銀領催二十四名採珠八旗每旗放領催二名捕魚八旗各放領催一名俟委驍騎校委官缺出揀其優能者陞用

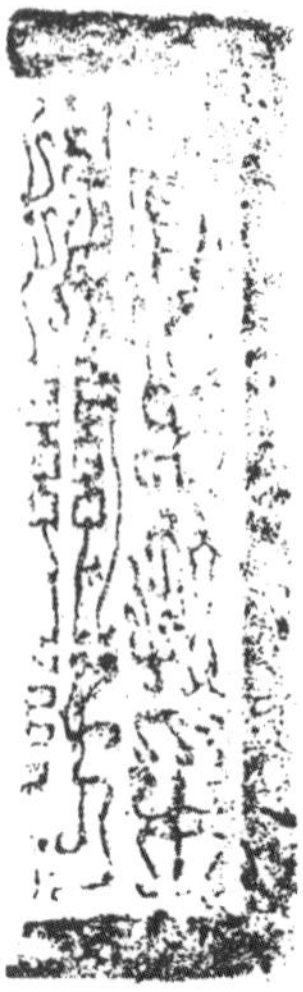

珠軒達

一查原設珠軒頭目二十五名於康熙五年准工部咨文內開捕魚加添珠軒達十六名康熙三十年因牲丁漸盛經內務府大臣等議奏加添珠軒達一名康熙三十四年因

上三旗牲丁蕃盛經內務府大臣等議奏加添珠軒達七名雍正二年

乾清門二等侍衛阿富他因赴烏拉查丁面奏奉

旨原貝色老客舒努等之丁均入上房應將老客舒努等六十三丁分為三珠軒等因遵即加添珠軒達三名雍正五年准都虞司咨文內開由公滿都谿貝勒名下撥給捕魚打牲丁十九名捕珠牲丁十名由功雲齡名下撥丁五名雲梯名下撥丁五名共丁三十九名歸上三旗採捕東珠加添珠軒達二名又准都虞司

咨文内開由正藍旗阿奇那名下裁一珠軒其丁十二名撥入上三旗捕珠加添珠軒達一名雍正六年准都虞司咨文内開廂白旗已革貝勒延新牲丁十六名廂藍旗功宏牲丁四名共牲丁二十名撥入上三旗捕珠加添珠軒達一名雍正十年准都虞司咨文内開已革王云飭包衣下牲丁三十七名撥入上三旗加添珠軒達二名乾隆九年起至十三四等年因呈進之葠不敷額数准吉林將軍衙門咨文内開由内閣抄出大學士公　等議奏將挖葠之三百人裁撤歸併捕珠丁内一律捕差如東珠蜂蜜採捕足数以贖罪愆即將此十八珠軒分為捕珠珠軒達十二名採蜜珠軒達六名乾隆三十一年總管内務府議奏准將食十八兩餉銀珠軒頭目每名每月添給餉銀五錢其採蜜珠軒六名内裁去一名下剩五名每名每月應得銀二兩停止並將採蜜之差革除作

為採珠五珠軒一体充差乾隆三十三年兼理烏拉總管事務護軍統領雍和
奏請奉
旨著准打牲烏拉下五旗放珠軒頭目三十五名等因欽此查以前十一次共放食二十四兩餉銀珠軒頭目一百十一名內裁去一名三旗現有珠軒頭目五十九名五旗現有珠軒頭目三十五名捕魚八旗現有珠軒頭目十六名三共一百十名至今如前永未更章

鋪　副

一查原設鋪副於康熙四十一年總管穆克登報請將每珠軒加添鋪副二名等因總管内務府議奏准照所請每名每月仍給餉銀一兩乾隆三十一年兼理總管事務護軍統領雍和奏請奉

旨内務府大臣議奏打牲烏拉打牲丁等每名每月請加添餉銀五錢其委鋪副七十二名仍食丁餉不開丁缺查採珠捕魚十旗共放鋪副二百　十　名内除食十二兩餉銀委鋪副七十二名寔剩食十八兩餉銀正鋪副一百三十八名遵行至今永未更章

打牲丁

一查於康熙三年以前原設打牲丁四百餘名陸續添撥無憑考查嗣於乾隆三十二年二月二十五日准都虞司咨文内開據打牲烏拉總管雍和咨稱奏將月食餉銀五錢之打牲丁二千五百五十一名一律請添餉銀五錢乾隆五十六年奉

旨賞添打牲丁一千名又續添打牲丁四十二名查以上採珠捕魚八旗共打牲丁三千九百九十三名内採珠三旗打牲丁二千一百八十三名五旗一千一百六十四名捕魚三旗丁三百六十二名五旗二百八十四名

一查誌書内載因無珠軒王公貝勒等包衣之打牲丁無有陞途經總管吉祿咨報自此無珠軒王公貝勒等包衣之牲丁等合併珠軒俟有珠軒達鋪副出缺

一体揀用是否之處呈報伏候指示遵行等因奉大學士　王大臣等議覆著照
該總管所請辦理

鉄匠弓匠

一查誌書内載原設鉄匠二名弓匠二名查此四名匠役原食十二两餉銀嗣於
乾隆三十一年總管雍和奏加餉銀將此四名歸入鋪副数内每人加領餉銀
六两又查嘉慶二十年經總管爾德佈奏請將打牲烏拉食十八两餉銀之弓
匠二名裁撤由此三十六两餉銀内撥出銀二十四两賞給未食餉之五屯領
催餘剩銀十二两由白唐阿内添放無品級筆帖式一名等因奏請奉
旨着吉林將軍議奏據稱但修造採捕東珠鰉魚松子蜂蜜弓匠無多應畨弓匠一
名作為餉銀十二两等因奉
旨依奏欽此查以上現有食十八两餉銀鉄匠二名食十二两餉銀弓匠一名至今
如前永未更章

仵作

一查原設仵作於乾隆九年准
盛京刑部侍郎兆輝庀奏查打牲烏拉遇有命盜案件咨報吉林將軍衙門審辦其相驗之事咨刑部派仵往驗乾隆十二年刑部將仵作李世俊隨文咨送將軍衙門轉送烏拉教習並令每月給餉銀二兩每日給口分倉米八合三勺再由本處官庄内挑選學習仵作二三名交伊教授如三年差滿教有成效將李世俊送回本部即由學習仵作内揀挑正仵作一名每月給餉銀一兩其學習仵作每名給餉銀五錢每人一日由倉關領口分米八合三勺乾隆三十一年總管雍和因加添丁餉將正仵作歸鋪副内加銀五錢其學習仵作二名每人亦照六兩餉銀給領查現有食十八兩餉銀正仵作一名食十二兩餉銀學習

仵作二名其正缺出以學習仵作揀補俱由五官地幼丁內揀其識漢字者挑用乾隆五十七年總管吉祿咨報仵作之子孫內　如有差使奮勉者可否照上三旗之丁一体當差等因飭知准與餉缺陞用

五官屯領催

一查原設五官地領催於康熙四十五年由撥來幫捕蜂蜜之五十戶丁内揀挑七十名編為五屯承種官地揀放庄頭五名經理地畝牧放牛条惟五屯領催前據總管爾德佈奏裁食十八兩弓匠一名留弓匠一名改作十二兩餉銀餘出銀二十四兩賞給五屯未食餉之領催其缺由五屯庄頭總外郎内揀放現有食二十四兩餉銀五屯領催一名

庄頭壯丁

一查原設五官屯於康熙四十五年經內務府大臣等議奏總管穆克登報呈請由蒙古索借撥協濟牛三百五十条交該總管經理以撥來帮捕蜂蜜之五十户內揀其材幹者五名放為五庄頭每屯撥給丁十四名每丁撥給新荒地十五垧每屯給牛二十条烙印共給正項牛一百条下剩牛二百五十条轉換犄子乳牛以備滋生倘正項牛条如有残老不堪用者即以滋生抵補惟庄頭經理牛条免其納粮其每丁每年應交谷數照邊外官地征谷倉斗四十三石二斗所征之谷交總管穆克登自行建倉收貯其庄頭屯丁等所種地畝出派驍騎校一員筆帖式一員竭力承查地畝牛条秋成催征谷粮勿任拖欠年終呈報內務府立案可也

原設各項差估章程

查舊設各項章程原廂黄旗領催三名珠軒達二十名鋪副二十六名打牲丁七百六十名

一正黄旗領催三名珠軒達二十名鋪副三十六名打牲丁七百六十名

一正白旗領催三名珠軒達十九名鋪副三十四名打牲丁七百二十二名

以上共領催九名珠軒達五十九名鋪副一百六名打牲丁二千二百四十二名

一廂黄正黄正白三旗由頭目内共放官二十員遺出頭目缺二十分由鋪副内放為委珠軒頭目遺出鋪副二十缺由打牲丁内放為委鋪副再三旗由珠軒頭目内放委領催九名遺出珠軒頭目九缺由鋪副内放為委珠軒頭目遺出

鋪副之缺由打牲丁内放爲委鋪副九名以上由打牲丁内共放委鋪副二十九名

一衙門貼冩設定由採珠三旗牲丁内揀挑二十四名五旗牲丁内揀挑六名八旗共挑三十名再由牲丁内給印房傳事人八名

以上五項三旗共放打牲丁二千二百四十二名内除由牲丁内放貼冩委鋪副及傳事人共六十一名仍剩採捕東珠松子蜂蜜打牲丁二千一百八十一名

一三旗歷年捕珠應用⿰舟威⿰舟虎二百三十六隻每⿰舟威⿰舟虎派人三名此内協領衙門出派⿰舟威⿰舟虎五十六隻披甲一百六十八名又跟隨本署

大人巡查捕珠各河口⿰舟威⿰舟虎十隻打牲丁三十名三旗由五十九珠軒出派⿰舟威⿰舟虎一

百八十隻珠軒頭目鋪副四十名打牲丁五百名統共出派打牲丁五百三十名按五十九珠軒計核五十八珠軒每珠軒應出丁九名餘剩一珠軒出丁八名

一三旗歷年採捕頭二次松子共出派打牲丁四百三十名按五十九珠軒計核四十二珠軒每珠軒應出丁七名餘剩十七珠軒每珠軒出丁八名

一三旗歷年捕打生熟蜂蜜共出派打牲丁四百九十八名按五十九珠軒計核三十三珠軒每珠軒應出丁八名餘剩二十六珠軒每珠軒出丁九名

一看守衙署銀庫採珠八旗每月共派打牲丁十名內由三旗派丁四名由五旗派丁六名三旗一年共派打牲丁四十八名查此差捕魚八旗差繁免其出派

一看守倉廒採珠八旗每月共派丁十二名內由三旗派丁八名由五旗派丁四名三旗一年共出派打牲丁九十六名查此差捕魚八旗差繁免其出派

一看守採珠八旗阿司房四所八旗每月共派丁八名内由三旗派丁三名由五旗派丁五名三旗一年共派打牲丁三十六名

一看守城垣四門採珠八旗每月共派丁八名内由三旗派丁三名由五旗派丁五名三旗一年共派打牲丁三十六名

一巡查街道廳採珠八旗每月共派打牲丁二名由三五旗出派惟正白旗照廂正黄二旗少一珠軒此名牲丁免派正白旗每月仍由廂正黄旗輪派一名此二旗一年共出派牲丁十二名

以上三旗採捕當差打牲丁共二千一百八十一名内除採捕東珠松子蜂蜜及看守衙署倉庫並阿司房城四門街道廳各等差一年共出

派打牲丁一千七百五十八名寔剩牲丁四百
二十三名按五十九珠軒均匀應四十九珠軒
每珠軒剩丁七名十珠軒每珠軒剩丁八名

一看守衙署銀庫每班出派領催二名珠軒頭目鋪副四名十日為一班由採珠
八旗輪派

一看倉每班出派領催一名珠軒頭目鋪副四名十日為一班由採珠八旗輪派

一看城四門由採珠八旗出派珠軒頭目四名十日為一班

一巡查街道廳由採珠八旗一年出派領催二名珠軒頭目鋪副八名分為兩班

一巡查四界按年每界出派領催一名珠軒頭目四名由採珠八旗出派一年共
派領催四名珠軒頭目鋪副十六名

一查捕魚八旗頭目等差繁按年僅可冬臘正二月值衙署倉庫之班
一總管跟役領催一名珠軒頭目鋪副共五名
一左右翼領跟役珠軒頭目鋪副共六名由採珠八旗出派十日為一班
一按年赴都恭
進頭次松子由採珠三旗出派領催一名珠軒頭目一名
一按年赴都恭送二次松子由採珠三旗出派領催一名珠軒頭目鋪副五名
一按年赴都恭送東珠由採珠三旗出派領催一名珠軒頭目鋪副十六名由協
領衙門出派披甲二名由五旗出派領催一名珠軒頭目鋪副十七名
一按年赴
盛京戶部領取俸餉銀兩由採珠三旗出派領催一名珠軒頭目十名由五旗出

派領催一名珠軒頭目五名由捕魚左右兩翼出派領催一名

一按年赴京送蜂蜜由採珠三旗出派領催一名珠軒頭目鋪副五名

一正紅旗由頭目内放委章京一員委官一員廂紅旗由頭目内放委官一員正藍旗由頭目内放委章京一員委驍騎校一員廂藍旗由頭目内放委驍騎校一員委官一員此四旗共放官七員遺出頭目缺七分由珠軒達内放委領催七名遺出委珠軒達之缺由委鋪副内放為委珠軒達

一由五旗丁内共挑貼寫六名正紅廂白廂紅廂藍各一名惟正藍旗二名

一五旗共三十五珠軒歷年捕珠應用䑺䑼一百四十隻每䑺䑼派丁三名共派丁四百二十名内除珠軒頭目鋪副二十六名寔派打牲丁三百九十四名

一看守衙署銀庫五旗每月共派丁六名由正紅旗派丁一名廂白正藍每旗派

丁二名廂紅廂藍二旗每月輪派丁一名一年共派打牲丁七十二名

一看守倉厫五旗每月共派丁四名由廂白正藍旗輪派丁三名一旗一名一旗二名由正紅廂紅廂藍三旗派丁一名每隔兩個月出派一次一年共派打牲丁四十八名

一看守採珠八旗阿司房五旗每月共派丁五名一旗一名一年共派打牲丁六十名

一看守城垣四門五旗每月共派丁五名由正紅廂白廂紅正藍旗每月出派丁一名查廂藍旗丁少一年著派丁八名下欠四名由正藍出一名再由廂紅旗出派三名一年共派打牲丁六十名

一巡查街道廳五旗每月出派丁一名查廂藍旗丁少仍行免派其正紅廂白廂紅正藍等旗每隔三月輪派丁一名此四旗一年共派打牲丁十二名

以上五旗採捕東珠並看衙署倉庫阿司房城
四門及巡查街道廳等差共出派丁六百九十
四名加以貼寫六名二共打牲丁七百名
以上正紅旗共打牲丁一百八十二名內除捕打
東珠丁七十九名貼寫一名又看衙署倉庫等丁
六十一名外寔剩無差佔打牲丁四十一名按七
珠軒均分應六珠軒每珠軒六名一珠軒五名廂
廂白旗共打牲丁二百二十一名內除捕打東珠丁
一百名貼寫一名又看衙署倉庫等丁七十三名
外寔剩無差佔打牲丁四十七名按九珠軒均分

應七珠軒每珠軒丁五名二珠軒每珠軒丁六名
廂紅旗共打牲丁一百三十名内除捕打東珠丁
五十七名貼寫二名又看衙署倉庫等丁四十四
名寔剩無差佔打牲丁二十八名按五珠軒均分
應三珠軒每珠軒丁六名二珠軒每珠軒丁五名
正藍旗共打牲丁二百六十二名内除捕打東珠
丁一百十二名貼寫二名又看衙署倉庫等丁八
十八名寔剩無差佔打牲丁六十名按十珠軒均
分每珠軒丁六名
廂藍旗共打牲丁一百四名内除捕打東珠丁四

十六名貼寫一名又看衙署倉庫等丁三十四名
寔剩無差佔打牲丁二十三名按四珠軒均分應
三珠軒每珠軒六名一珠軒五名

一捕魚三旗原設領催三名珠軒頭目六名鋪副十二名鋪副上行走鉄匠二名
打牲丁三百三名

一捕魚五旗原設領催五名珠軒頭目十名鋪副二十名打牲丁二百五十名
以上八旗共領催八名珠軒頭目十六名鋪副
三十二名鉄匠二名打牲丁五百五十三名

一鑲黄旗由領催內放委官一員正黄旗由領催內放委官一員正藍旗由領催
內放委驍騎校一員由珠軒頭目內放委官一員廂藍旗由珠軒頭目內放委

官一員共放官五員遺出領催珠軒頭目之缺由珠軒達内放為委領催由鋪副内放為委珠軒達由打牲丁内放為委鋪副五名

以上三旗共六珠軒共打牲丁三百三名内除由丁補放委鋪副二名下剩打牲丁三百一名

五旗共十珠軒共打牲丁二百五十名内除以丁補放委鋪副三名下剩打牲丁二百四十七名

一捕打蟳鱛魚尾按年開江後出派驍騎校一員委官一員領催四名携帶横江網八塊督飭盪捕每片網派珠軒達鋪副一名打牲丁十名共派珠軒達鋪副八名牲丁八十名此内由三旗派丁四十五名由五旗派丁三十五名

一修做上用鱒魚驍騎校一員委驍騎校一員八旗共派珠軒達鋪副八名打牲

丁二名此二名丁由三旗出派一名五旗派一名

一看守捕魚晒網樓房每月出派打牲丁一名一年共派打牲丁十二名由三旗出派七名由五旗出派五名

一盪捕鱘鰉魚每至四五月出派驍騎校一員委驍騎校一員委官一員領催二名用大眼網八塊兩塊一練合為一塊順江横盪獲魚入圈分為四起每起出派珠軒達鋪副三名打牲丁十名共出派珠軒達鋪副十二名打牲丁四十名此丁由三旗出派二十五名五旗出派十五名

一綑拴盪捕鰉魚網每年二月内出派打牲丁八名此丁由三旗出派五名五旗派三名

一看守柳樹泡巴延泡並紅石砬泡並該處一帶生發柵圈條支每泡派打牲丁

四名輪為兩班看守三處共派丁十二名由三旗派丁七名五旗派丁五名其頭班着以四月初一日起至八月初一日止二班以八月初一日直至十一月内停止

一赴邊外捕打圈養鰉魚之食及秋捕色魚共設當達利瀾江大網二盪分為兩班盪捕頭班以三月起捕獲送圈餵魚至十月終出鰉魚時止二班以八月初一日起捕獲色魚入圈圈養用木將圈圍柵並派驍騎校一員委驍騎校委官二員領催二名往來川查每盪網出派珠軒頭目鋪副四名打牲丁二十名共派珠軒達鋪副八名打牲丁四十名此四十名由三旗出派二十四名由五旗出派十六名

一捕打應進

貢用鮓魚每至六月内往赴松阿哩烏拉斐胡穆欽佗霍邲爾琿並輝法河内吉

爾薩舒敏公珠策胡蘭浣哈等河採捕由協領衙門出派官一員領催三名披甲二十七名由本衙門出派委翼領一員驍騎校一員委驍騎校委官三員領催四名珠軒頭目鋪副十二名打牲丁一百二十名此丁由三旗出派六十五名由五旗出派五十五名

一按年立冬封江後車載網片出邊往赴各卧捕打色魚及出圈養鰉魚迎節掛冰等差出派委翼領一員驍騎校一員委驍騎校委官二員領催四名珠軒達鋪副十二名打牲丁五十六名此五十六名丁由三旗出派三十名由五旗出派二十六名

一圈養鰉魚如遇旱年易於水淺多受薰熱之災水大難免不無沖倒柵桿致將鰉魚順流之虞是以每至冬節江冰凝凍之時就此冰薄即用鈌乂由冰上人

捕協領衙門出派領催三名披甲九十六名本署出派委翼領一員驍騎校一員委驍騎校委官二員領催四名珠軒達鋪副十二名打牲丁二百四十名名此丁由三旗出派一百三十二名由五旗出派一百十名

一看守捕魚左右翼辦事房每月派丁二名兩翼一年共派丁四十八名由三旗出派二十六名五旗出派二十二名

一每年十一月初旬恭進
上用鰉魚及各色魚尾啟程後應留看守柳樹泡巴延泡紅石砬泡三處柵圈木植至次年三月止每圈出派珠軒達鋪副一名打牲丁一名三圈共出派打牲丁三名由三旗出派二名五旗出派一名

以上採捕鰉魚及各色魚尾三旗一年出派打

牲丁三百六十九名下五旗一年出派打牲丁二百九十四名兩翼一年共出派打牲丁六百六十三名查該旗現有打牲丁五百四十八名下屬打牲丁一百十五名由看守魚樓辦事房綁拴鰉魚大網及捕打細鱗等差打牲丁內重復出派

一歷年巡查捕魚
貢河出派委官一員珠軒達鋪副三名

一赴都京恭
進貢鰉魚出派官一員領催一名珠軒達鋪副二名

一往

盛京恭送春秋二季鮏魚出派領催二名珠軒達鋪副三名

一赴都京恭

進兩次鱘鰉及各色魚尾出派驍騎校二員委驍騎校委官二員領催二名珠軒

達鋪副九名

一下栅網出派委官二員領催四名執持紅旗二桿不時川查

一叉魚用網五十四塊在氷上搭蓋擺倫出派官一員領催二名頭目六名每夜

輪流看守以便叉魚

一坐棚叉魚用人一百名魚叉一百個網兜子一百個

一持杆下網用人六十名去皮白杆子六十根長五尺粗一寸餘

一穿冰眼用人六十名鉄鑹六十桿

一氷上用哄魚人五十二名網兠子五十二個短杆子二十六根以便支網免其抽縮

一叉得鰉魚色魚以鉄鉤撻取用人十八名鉄鉤十八杆鑹十八杆網兠子十八個札鎗十桿

一看守魚棚並樵柴及經理牲畜等項用人三十八名

以上統共需用人三百二十八名

新定各旗領催至牲丁等額數

一查採珠廂黃旗食三十六兩餉銀領催一名食二十四兩餉銀採蜜領催一名委領催四名珠軒達二十名食十八兩餉銀委珠軒達十二名鋪副三十六名食十二兩餉銀委鋪副十七名弓匠一名學習仵作一名打牲丁七百二十三名以上食十二兩餉銀共七百四十二名

此一旗額設八百零一缺共應領餉銀一萬零一百二十八兩

一查採珠正黃旗食三十六兩餉銀領催二名食二十四兩餉銀採蜜領催一名委領催五名珠軒達二十名五官屯領催一名食十八兩餉銀委珠軒達十五名鋪副三十六名食十二兩餉銀委鋪副十九名學習仵作一名打牲丁七百

二十一名以上食十二兩餉銀共七百四十一名

此一旗額設八百零一缺共應領餉銀一萬零一百四十兩

一查採珠正白旗食三十六兩餉銀領催二名食二十四兩餉銀採賓領催一名委領催五名珠軒達十九名食十八兩餉銀委珠軒達十一名鋪副三十四名仵作一名食十二兩餉銀委鋪副十五名打牲丁六百八十八名以上食十二兩餉銀共七百三名

此一旗額設七百六十缺共應領餉銀九千六百十八兩

一查採珠正紅旗食三十六兩餉銀領催二名食二十四兩餉銀委領催四名珠

軒達七名食十二兩餉銀委珠軒達七名委鋪副十六名打牲丁二百一名内

康親王珠軒達三名打牲丁八十一名

果親王珠軒達三名打牲丁八十一名

順承郡王珠軒達一名打牲丁二十七名

和碩成親王打牲丁二十名

鍾郡王打牲丁十五名以上食十二兩餉銀共二百二十四名

此一旗額設二百三十三缺共應領餉銀二千

九百二十八兩

一查採珠廂白旗食三十六兩餉銀領催二名食二十四兩餉銀委領催二名珠

軒達九名食十二兩餉銀委珠軒達二名委鋪副十八名打牲丁二百六十三名内

顯親王珠軒達二名打牲丁五十八名
淳郡王珠軒達三名打牲丁七十七名
恒親王珠軒達二名打牲丁四十七名
裕親王珠軒達二名打牲丁四十八名
多羅貝勒打牲丁三名
儀親王打牲丁十五名
敦親王打牲丁二十名
多羅醇郡王打牲丁十五名以上食十二兩餉銀共二百八十三名

此一旗額設二百九十四缺共應領餉銀三千六百八十四兩

一查採珠廂紅旗食三十六兩餉銀領催二名食二十四兩餉銀委領催二名珠
軒達五名食十二兩餉銀委珠軒達二名委鋪副十名打牲丁一百六十七名内
莊親王珠軒達三名打牲丁八十一名
多羅平郡王珠軒達一名打牲丁二十七名
多羅貝勒珠軒達一名打牲丁二十七名
榮郡王打牲丁八名
多羅貝勒綿懿打牲丁八名
瑞親王打牲丁二十名
治貝勒打牲丁八名以上食十二兩餉銀共一百七十九名
此一旗額設一百八十六缺共應領餉銀二千

三百四十两

一查採珠正藍旗食三十六两餉銀領催二名食二十四两餉銀委領催二名珠軒達十名食十二两餉銀委珠軒達三名委鋪副二十名打牲丁二百九十五名内

和親王珠軒達三名打牲丁八十七名

怡親王珠軒達六名打牲丁一百六十名

信親王珠軒達一名打牲丁二十五名

和碩睿親王打牲丁三名

洪隆貝勒打牲丁三名

誠親王打牲丁十名

護國公打牲丁三名

定親王打牲丁十二名

孚郡王打牲丁十五名以上食十二兩餉銀共三百十八名

此一旗額設三百三十缺共應領餉銀四千一百二十八兩

一查採珠廂藍旗食三十六兩餉銀領催二名食二十四兩餉銀委領催二名珠軒達四名食十二兩餉銀委珠軒達二名委鋪副十名打牲丁一百四十八名內

簡親王珠軒達三名打牲丁八十一名

理郡王珠軒達一名打牲丁二十八名

慎郡王打牲丁八名

慶郡王打牲丁八名

惠親王打牲丁十五名

恭親王打牲丁二十名以上食十二两餉銀共一百六十名

此一旗額設一百六十六缺共應領餉銀二千零八十八两

捕魚左翼

廂黄旗食三十六两餉銀領催一名食二十四两餉銀委領催一名珠軒達二名食十八两餉銀鉄匠二名委珠軒達二名鋪副四名食十二两餉銀委鋪副三名打牲丁一百十九名以上食十二两餉銀共一百二十二名

此一旗額設一百三十一缺共應領餉銀一千六百五十六两

正白旗食三十六兩餉銀領催一名食二十四兩餉銀珠軒達二名食十八兩餉銀鋪副四名食十二兩餉銀委鋪副一名打牲丁一百十八名以上食十二兩餉銀共一百十九名

此一旗額設一百二十六缺共應領餉銀一千五百八十四兩

廂白旗食三十六兩餉銀領催一名食二十四兩餉銀委領催一名珠軒達二名食十八兩餉銀委珠軒達二名鋪副四名食十二兩餉銀委鋪副四名打牲丁五十五名內

顯親王打牲丁二十五名

淳郡王打牲丁七名

裕親王打牲丁二十三名以上食十二兩餉銀共五十九名

此一旗額設六十六缺共應領餉銀八百六十四兩

正藍旗食三十六兩餉銀領催一名食二十四兩餉銀珠軒達二名食十八兩餉銀委珠軒達一名鋪副四名食十二兩餉銀委鋪副二名打牲丁五十八名內

和親王打牲丁二十一名

怡親王打牲丁十名

信親王打牲丁二十七名以上食十二兩餉銀共六十名

此一旗額設六十七缺共應領餉銀八百七十六兩

以上四旗共食三十六兩餉銀領催四名食二十四兩餉銀委領催二名珠軒達八名食十八兩餉

銀鉄匠二名委珠軒達五名鋪副十六名食十二
兩餉銀委鋪副十名打牲丁三百六十名共應領
餉銀四千九百八十兩

捕魚右翼

正黃旗食三十六兩餉銀領催一名食二十四兩餉銀委領催一名珠軒達二
名食十八兩餉銀委珠軒達一名鋪副四名食十二兩餉銀委鋪副二名打牲
丁一百十九名以上食十二兩餉銀共一百二十一名
此一旗額設一百二十八缺共應領餉銀一千
六百零八兩

正紅旗食三十六兩餉銀領催一名食二十四兩餉銀珠軒達二名食十八兩

餉銀鋪副四名食十二兩餉銀委鋪副一名打牲丁五十六名内
康親王打牲丁三十六名
順承郡王打牲丁二十名以上食十二兩餉銀共五十七名
此一旗額設六十四缺共應領餉銀八百四十兩
廂紅旗食三十六兩餉銀領催一名食二十四兩餉銀珠軒達二名食十八兩
餉銀鋪副四名食十二兩餉銀委鋪副四名打牲丁五十一名内
莊親王打牲丁二十五名
多羅平郡王打牲丁七名
多羅貝勒打牲丁十九名以上食十二兩餉銀共五十五名
此一旗額設六十二缺共應領餉銀八百十六兩

廂藍旗食三十六兩餉銀領催一名食二十四兩餉銀委領催一名珠軒達二名食十八兩餉銀委珠軒達一名鋪副四名食十二兩餉銀委鋪副三名打牲丁五十名内

簡親王打牲丁五十名以上食十二兩餉銀共五十三名

此一旗額設六十缺共應領餉銀七百九十二兩

以上四旗共食三十六兩餉銀領催四名食二十四兩餉銀委領催二名珠軒達八名食十八兩餉銀委珠軒達二名鋪副十六名食十二兩餉銀委鋪副十名打牲丁二百八十六名共應領餉銀四千零五十六兩

以上十旗統共食三十六兩餉銀領催二十四名食二十四兩餉銀採參領催三名五官屯領催一名珠軒達一百十名内有委領催三十名食十八兩餉銀鉄匠二名仵作一名鋪副一百三十八名内有委珠軒達四十五名食十二兩餉銀弓匠一名學習仵作二名初丁二千九百九十二名内有委鋪副一百四十五名統共額設四千二百七十五缺應領餉銀五萬四千零九十兩筆帖式餉銀在外

卷二

城垣衙署

一查烏拉舊城設自順治初年其先有無衙署倉庫及官丁額數若干因康熙三年總管希特庫家被回祿將所記檔案焚燒無憑考查

一康熙四十三年因江水頻泛浸澇房間經總管穆克登報請遷移城垣修理衙署以免浸淹塌陷所用工料銀兩擬由八旗官丁俸餉捐辦等因於康熙四十四年正月初十日准內務府具

奏臣等據打牲烏拉總管穆克登呈報據所屬官丁等報稱適遭大水將鄉村房產地畝均各沖為溝壑等因查四十二年委因水大將各屯遷移高阜處所搭蓋房屋此次又被頹沖十餘戶深堪痛恨但牲丁等所居之地皆係我

聖主鑒照曷敢擅專懇請轉奏等情臣等查總管所呈係屬寔在應予所請具

奏奉

旨着問穆克登擬徙何處可隨衆丁輿情欽此原奏舊城迤東有最好高埠向陽之

地一處再松江西南有高地一處亦屬慎好此兩處皆係我

聖主所知之地籲懇

聖主指定遵行謹奏奉

旨打牲鄉村奈係我

太宗仁皇帝指定居住年久如移亦得揀具東陽鍾秀之地方可居住萬不准遷渡江

西欽此遵即於康熙四十五年遷移在舊城迤東高埠向陽之地修造城垣一座

土築城墻週圍八里每面二里許安立城門四座城中過街牌樓二座內設衙

署銀庫原照依副都統衙門式樣修造採珠捕魚八旗各按脚色分設旗僕佔居城裡不准容留浮民商賈佔居西門外原為以免旗民混雜而重風化烏拉所管地面週界約計五百餘里生齒日繁現在户丁五萬餘口

倉廒

一查設倉廒編立地支十二字外加春夏每五間一字計七十間於康熙四十五年經總管穆克登奏設

一康熙四十五年八月二十三日准

盛京戶部咨文内開據烏拉總管穆克登報稱現奉

旨邊外等倉應用斗隻務須一律照新定斗様頒領以免兩歧等因本部遵將新造倉斛斗升循例包釘鉄頁發給驍騎校海福領訖嗣於雍正七年九月二十四日准都虞司來咨内開烏拉所收倉谷以二萬石為定額其應糶谷石務須以新入倉以陳輪糶而免年久霉爛雍正十二年七月二十四日經侍衛擀喀那等

奏准嗣後修補各工裁撥捐資請由糶賣谷銀内動支如谷銀存貯一千兩入餉

搭旗又乾隆十二年十二月二十三日准會紀司咨文内開茲查烏拉總管綏哈那奏稱七月二十八日該處降霜將五屯所種官地全行凍毀該丁等應交谷石再再懇緩交納等因咨報轉奏一節案查本司向未辦過此案仍咨行該總管自行奏辦等因旋經奏明奉

旨着内務府大臣等議奏查該總管所奏霜凍情形係屬寔在准緩三年交納倘逾限不完仍以該總管是問其五官地嗣後旱澇霜凍有無收成等事該總管徑行呈報内務府辦理又乾隆二十年十二月二十一日總管索柱奏稱查本署應出糶賣谷係交吉林永吉州售賣折銀備修各項工程在案伏思本處倘遇飢寒之年八旗所種地畝不敷餬口恐致流離失所是以請將着永吉州賣谷折銀之例永遠裁撤仍歸本處自行糶給八旗牲丁以濟青黄不接其谷價銀

隨餉坐扣如此擬辦滿洲旗僕俾得均霑實惠等因奉
旨依奏欽此又乾隆二十七年總管索柱奏稱本署倉厫原建城外距江沿切近河水頻泛倉厫屢坍請將此倉遷移城內高阜之地以免浸澇等因奏准陸續建修倉厫七十間又乾隆二十九年四月初十日總管索柱奏稱查康熙四十三年總管穆克登惟因水災奏准遷移城垣衙署各項工程均由八旗捐辦此項倉工所存谷銀無幾不敷仍由八旗捐辦等因在案又於嘉慶十一年四月內准戶部咨文內開由內閣抄出奉
旨嗣後修理各項工程需用銀兩循照市平每百兩扣晋銀六兩欽此查此倉谷以倉石二萬石為定額歷年輪糶三千二十四石每至秋成由五官屯徵收谷糧例定夾斛三千二十四石加以鼠耗谷九十一石每一石計二斛共折計斛六

千二百三十斛於光緒九年十二月間據管理五官庄驍騎校德壽報稱倉場苛斂斛底希圖折價等情惟關

國課劉令分賠嗣後革除斛底其斛尖例有明條每斛尖酌中按市升作一升三合計算共應折梗斛尖計四百二十斛以上統共徵收平斛六千六百五十斛仍恐年遠湮沒倉場五屯各建牌銘以垂永久

打牲烏拉總管衙門　為勒著貞珉永遠遵照事切思循吏務農計勤保聚盛時貴粟興重倉廒故積儲以立專司職嚴監守接濟以資糶出例慎徵收洪惟

聖朝惠養官庄既晝區以疆井

恩深旗僕尤補助於春秋此常平之古規與屯田之舊制實變通而權宜之者也

查本衙門設立五官屯納糧庄頭外郎耕丁以來設倉七十間歷儲倉穀二萬

石按年收穀三千二十四石接濟丁户出售換新俾免霉爛設倉官一員委筆帖式二員管理倉穀事務隨時具稿呈覆洵法良而意美也自本總管莅任以來凡本署相沿積習攸關政體者無不立時整頓第查近來倉穀例以尖斛徵收每於持斛入倉之時其尖流穀於地以致斛底之穀未免流帽攙雜統拾入倉私不敢與官爭所以虛爲多取積弊甚屬苦累若不酌定準章尚復成何體統查倉場尖斛之收原爲倉耗鼠費而設何意積久弊生理宜嚴爲整頓非惟體統攸關亦且身名所繫是以諭採珠捕魚翼校衆官等務期合衷共議力革瘡痍永除痼疾自此如何徵收之處會銜呈覆今據衆官會議得斛帽雖由倉耗所起而斛底實上斛抛撒加以流帽攙合監收者藉帽斂取殊非淺鮮擬議嗣後五乇應納額穀六千四十八斛加以耗穀一百八十二斛二共六千二百

三十斛耗穀雖例有明條擬將尖斛改為平斛收納將斛帽梜準每帽按市升
一升三合計算應折平斛四百二十斛以此耗穀附於正額統計平斛六千六
百五十斛按一百四十毛丁庄頭外郎小頭等分納務歸準數此外絲毫不准
多取其有
倉神祭品以及紙張柴炭等費擬由津貼項下貼助錢二百三十吊以資公費庶官
免於朘削侵漁私亦無拮据支絀為此呈覆當奉
憲批准如所議惟思倉儲額穀實
國家根本之計尤壯丁性命之須本憲酌定章程恐世遠年湮無鑒前車仍蹈故
轍諭着明條勒碑倉左以垂久遠而肅紀綱其有未身及者知悉以聞

滿漢義學

一查設官學於雍正七年七月初九日 努穆克登等恭摺具
奏查打牲烏拉先年由八旗子弟內揀其明幹者教訓讀書學習騎射以備挑選
膺差嗣於康熙五十八年出徵以來至今十餘載將讀書騎射等事漸漸失塌
若仍前敷衍各該子弟等難免不無下流之虞是以擬由八旗子弟內揀挑十
歲以上者百餘人分設左右翼官學仍由各該旗揀其學問優長騎射熟習之
牲丁出派一名令其教授此八人如教讀勤慎爾該子弟習學有方即將教讀
之人記名以俟該旗出缺即行拔用等因奏准奉
旨著該總管出派官一員筆帖式一員專為管理稽查功課以免疎懈等因奏設滿
漢官學二所嗣於同治九年九月內經吉林將軍富明阿奏添滿教習一員漢

學棟其漢文優長者覔用查學資膏伙由俸餉一體攤扣在案

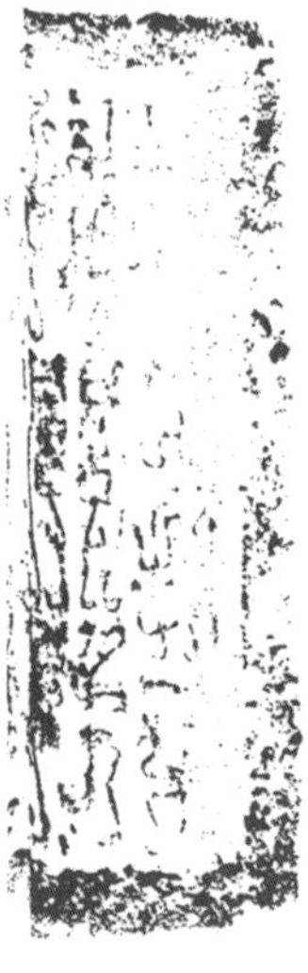

附金川

協領衙門巴里昆察哈爾兵

一查設協領衙門烏拉原無兵丁俱係採捕當差於康熙十四年准工部咨文內開為遵
旨會議事臣三部與議政王等會議布特庫由馹馳赴烏拉由採捕人內不分滿漢
揀挑強壯牲丁親領前往
盛京防守等因乃布特庫正值經管兵時仍將其所帶穿甲之丁六百十名如有用
處每名給錢糧二兩如無用處不給錢糧仍行捕差等因查此六百十名丁即由
盛京請給錢糧令其速備盔甲等因奉
旨依議欽此又康熙五十八年准兵部咨文內開遵奉
上諭議政大臣等會議在阿爾太路途點過

盛京烏拉等處三千兵將所缺額數即於各該處穿甲幼丁內挑補其
盛京烏拉吉林兵丁等均無跟役如有願將該子弟作爲跟役帶往者可否准帶等因奉
旨依議欽此又據
盛京將軍常保柱烏拉吉林將軍宗室巴賽訴稱此次出派二處兵丁均穿盔甲
式執本處旗纛式執護軍旗纛之處當經烏拉總管穆克登訴稱本處打牲丁
等素使弓箭腰刀請由部辦領腰刀等因議政大臣面奏奉
旨總管穆克登在烏拉聲名甚好尤屬幹練着爲副都統管帶烏拉吉林兵一千名前往其
盛京兵一千名將城守尉拉根圖放爲副都統管帶前往而黑龍江索倫兵一千名
著副都統烏山管帶前往此三莫音兵每莫音纛八桿旗五十六桿餘依議欽此
遵將各兵等每名給錢粮二十四兩查此五百兵係打牲烏拉出派於雍正二

三年間陸續旋回經議政大臣議仍給牲丁錢粮採捕行走充差雍正十年特奉

上諭烏拉牲丁甚屬蕃盛已至二三千名俱係採捕行走貫習苦練由此丁内揀其強

壯者選挑一千名作為精兵遇有調遣以便急用其烏拉與吉林切近將此兵應

交將軍常德與該管總管值年侍衛等操演訓練熟習其如何訓練放何品級官員

等事著常德定議具奏欽此於本年八月内巴力昆調兵即將此一千兵派往征

勦於乾隆元年回師經總理事務王大臣議奏查東三省等處俱有駐防官兵

惟烏拉採捕地方向未設兵擬將此千兵留烏拉即為一枝精兵仍歸吉林將軍

屬轄等因議奏奉

旨依議欽此乾隆五年經總管穆朱祜

奏祇因此千兵赴吉林充差相距七十餘里不惟往返路途遥遠並且有悮農業

是以商同吉林將軍常德將此千兵在於烏拉安設衙門添官管轄仍與總管
衙門合併捕打東珠細鱗鱘鰉魚五色雜魚松子蜂蜜等差按三分之一呈交等
情具奏大學士倭勒太等議復烏拉吉林雖離不遠而官丁百里往返當差尤
屬勞苦等情
奏准即於是年添設協領二員佐領十員防禦八員驍騎校十員分設兩翼八旗仍
歸總管併與採捕人等一律捕差俟閑暇之時令其缺管官等操演騎射其閑
採等事聽其將軍指示遵行等因奉
旨依議欽此後於乾隆二十五年吉林將軍薩爾善奏裁汰佐領二員驍騎校二員
兵三百名撥給寧古塔琿春二處充差又於五十年裁汰協領一員遷居吉林
蒙古旗將防禦四員遷居寧古塔官兵裁汰差使並未減等又嘉慶二十三年

裁汰驍騎校一員撥歸雙城堡現在實有協領一員佐領八員防禦四員驍騎
校七員領催甲兵七百名乾隆四十三年吉林將軍富康安奏與牲丁併差兵
六百七十名內除各差佔用兵二百二名外下剩兵四百六十八名分撥幫貼
捕差歷有年所

一咸豐四年五月十一日准將軍衙門咨文內開本年四月二十七日據烏拉署
協領事務佐領書和稟稱案查烏拉協領所屬兵丁現奉
諭旨調遣陸續派出領催甲兵四百六十名現剩兵二百四十名案查與總管衙門
合併捕打進
貢差有五項惟東珠一項於咸豐二年遵
旨暫行停止毋庸採捕遇有採捕之年應派兵一百二十四名外尚有捕打細鱗魚

鱘鰉魚五色襍魚松子蜂蜜等差四項每年共應派兵三百零四名惟鱘鰉魚等項係屬本衙門應進
貢鮮曷敢違悮於去歲秋間皆因無兵捕打是以移咨總管衙門懇為多派丁役暫行代為捕打俟軍務告竣後再行派兵捕打呈交以歸原制等因允准在案茲於本月十五日准總管衙門移文內開現當俸餉支絀兼無另款籌辦寔難替允仍令本衙門遵照舊章捕打呈交等因移咨前來聀理應遵照舊章派兵捕打惟現剩兵二百四十名除本衙門各項差佔之外所剩無幾寔屬窒碍相應據情伏懇憲鑒訓示遵行等因稟奉憲批去歲總管衙門代為捕打足見慎重
貢物今年俸餉支絀未便替允本係寔在情形現當公務維艱兵少差繁處處皆然所請着勿庸議自應共相黽勉總期無悮為要乃該署協領以分內之差始

而私行咨令代替尚属擅專繼則胆敢藉稱兵必推諉窒碍殊属糊塗不曉事
體除應進
貢鮮仍責成該署協領等設法辦理外書和着交兵司記大過一次以觀後效等
諭批交到司將該署烏拉協領書和記大過一次註册備查外相應咨行烏拉
總管衙門遵照可也等因遵即移知協領衙門遵照在案嗣於咸豐九年十月
十六日據八旗兩翼會稱前蒙衙門劄文内開除原劄減叙外職等遵即會商
至再加兵採捕現不乏人添造器械有關兵餉近年俸餉不惟减改又兼愆期
積虧未補殊難為力隨將該衙門辦案人員邀至會商從減貼給夏捕乾魚資
斧錢四百吊冬捕氷魚資斧錢三百五十吊採捕松子資斧錢三百吊採捕蜂
蜜資斧錢三百吊除

貢物之外代捕五尺以上鰉魚二尾各色魚五十尾外給貼費錢五十吊以上兵擬給貼費錢一千四百吊隨時送交以資差費雖不敷用尚可敷衍一俟大兵凱旋仍請統歸舊制如此籌擬庶加派官丁有所接濟而各項貢差亦均不致掣肘矣此係職等隨時權宜之計是否可行仍請憲鑒指示遵行等因議覆前來當奉憲批着照所籌所擬辦理等批遵此除劄飭各該旗遵照外應亟移付協領衙門知照辦理復於光緒二年六月十五日准協領衙門移開溯查本衙門前因頻年奉調剩兵無幾捕打貢物在在乏兵是以禀懇前任總管祿權貼資代辦之處荷蒙恩施允准按年本衙門貼幫資斧錢一千三百五十吊自蒙代辦以來計今十有餘年本衙門八

旗員弁無不卹感近聞貴署連年之餉致使丁役枵腹充差兼之採辦價貴於
昔敝協闔之洵屬不安於是商同八旗佐校等官再增加資斧錢四百五十吊
自光緒二年起每年幫貼資斧錢一千八百吊庶可稍紓虧累及於八月初三
日復准將軍衙門咨文內開據烏拉協領報稱溯查本烏拉協領衙門於乾隆
五年安設原有於同城總管衙門合併捕打
貢物五項就近呈交總管衙門呈
進應捕打長一丈至六尺鱘鰉魚六尾五色襍魚二百五十尾細鱗魚一千五百余
尾松子二千八百觔蜂蜜二千觔按年出派官兵捕打歷有年矣於咸豐二年
自軍需以起連年調兵所剩無幾不敷遣派是以於咸豐九年咨懇總管衙門
貼資代捕當蒙允准加派丁役代為採捕如捕打不足額數者用價購買一俟

大兵全行凱撤再歸舊制本衙門幫貼資斧錢一千三百五十吊其錢由徵收
地租錢項下動撥歷經核銷呈報在案自代辦以來十有餘年現當征兵雖有
陸續撤回者將及大半適聞總管衙門連年乏餉而丁役楞腹充差又兼辦買
價貴於昔俱係寔在情形因採辦各色
貢物價值昂貴所貼資費稍少不足辦買之需漸有推却之舉於是商同衆官再
加增資斧錢四百五十吊按年共貼給資斧錢一千八百吊該衙門代為辦買
方不致虧累本衙門應進
貢物亦不致愆期合將加增採辦
貢物資斧錢文之處呈報軍憲衙門鑒照施行等因前來據此詳核烏拉總管衙
門原為採捕一切

貢物而設向 不出征其協領衙門官兵出征緝捕是其專責雖有應捕之
貢不過在承平時因其兵多差少故有合併捕打之舉嗣因 征調頻仍官兵不敷
差遣當經該協領撥給總管衙門津貼錢一千三百五十吊商為代捕自屬該
兩衙門通融之計然既係辦理已久似未便驟議更章所有該協領應捕
貢物自應仍由 該總管協領等自行照舊捕打不准 稍有遲悞之處來文一件

採捕東珠

一查採捕東珠歴年報明吉林將軍奏請訓示如奉

旨捕珠應用大船七隻向由吉省船營撥領其小威呼共計三百九十九隻係本衙門派役往赴上江渾法土山冷風口等處砍造內除協領衙門威呼四十隻該衙門自行砍造備辦外本衙門應淨備捕珠威呼三百五十九隻鉄鍋三百五十九口帳房三百五十九架均由俸餉內動用並無另款開銷再本衙門出派翼領委翼領驍騎校六品委章京委驍騎校委官領催等共計六十四員名每威呼派丁三名共派打牲丁一千零四十七名加以協領衙門派官員領催六名披甲一百二十名統共派人一千二百三十七員名分為六十四莫音捕打

一往赴上江拉法河鉄亮子渾法響水亮子松阿哩烏拉謬本遜河富戶呢雅庫

三道松香河訥音等河共十六莫音用䑸䑬九十四隻內三旗五十七隻出派驍騎校一員委驍騎校一員七品委章京一員委官四員委領催八名兵丁二百八十二名

一往赴拉林阿勒楚喀等河共兩莫音用䑸䑬十一隻內三旗七隻出派委驍騎校一員委官一員牲丁三十三名

一往赴嫩江努敏必拉河乾河庫裕力訥莫力等河共八莫音用䑸䑬五十隻內三旗二十九隻出派委翼領一員委驍騎校一員委官二員領催一名委領催三名兵丁一百五十名

一往赴嫩江德力楚兜訥莫力多巴庫力那裕力等河共八莫音用䑸䑬四十九隻內三旗三十隻出派七品委章京一員委官三員領催一名委領催三名牲丁

一百四十七名
一往赴三姓吞河公棚子遮陰拉子巴延喀達倭合哈達海蘭鼇頭佗克索法庫等河共十一莫音用䑸艟七十二隻內三旗四十六隻出派六品委章京一員委驍騎校一員委官一員領催一名委領催七名兵丁二百三十六名
一往赴湯汪河吞河巴蘭河小咕咚河瑪延河東亳等河共三莫音用䑸艟十八隻內三旗九隻出派委官一員委領催二名牲丁五十四名
一往赴愛琿黑龍江霍勒斌阿爾欽遜必拉嘎祿佗莫威洛琿等河共八莫音用三旗䑸艟五十五隻出派驍騎校一員委驍騎校一員委官二員領催二名委領催二名打牲丁一百六十五名
一往赴牡丹江扎蘭河嘎哈刀海蘭河小綏芬等河共八莫音用䑸艟五十隻內

三旗二十八隻出派驍騎校一員委官五員委領催二名牲丁一百五十名

以上統共贓舡三百八十九隻内三旗二百二十一隻協署四十隻五旗一百二十八隻

一查上三旗共五十九珠軒每珠軒定例應交額珠十六顆共應交九百四十四顆多得頭等東珠每顆准抵五顆二等東珠准抵四顆三等准抵三顆四等准抵二顆五等仍為一顆如額外多得一顆者將多得珠之牲丁賞給毛青布二疋缺少一顆將少得珠之牲丁責十鞭如定額之外多得三十顆為一分賞給總管翼領彭緞各一疋驍騎校緞紬一疋領催等各按旗分内多得一分賞給毛青布各四疋如定額之外多得千顆總管翼領停其賞賜准加一級驍騎校領催各按分數議賞如少得十顆定為一分總管翼領驍騎校領催等分别降

罰鞭責在案
一專摺由驛馳赴都京恭
進東珠出派翼領一員驍騎校一員筆帖式一員領催三名珠軒頭目鋪副二十
七名共三十三員名循例請領口分在案
一乾隆二十七年正月初七日准將軍衙門清文內開為捕打東珠由吉林領來
大船於歇河之年有扣存黑龍江所屬地方者亦有扣存三姓地方者向奉
諭旨著各該省不分畛域共體國
貢互相派員看護在案茲查雖有該地方看守官員惟船隻所需器械過多未必
看護得週毫不丟失即應再行咨覆總管衙門揀派妥丁前往一律看護可也
等情來文一件

一乾隆三十六年二月二十二日准吉林將軍衙門咨文内開乾隆三十五年内閣
抄出十二月二十五日奉
上諭按年烏拉進送東珠官丁俱係自力但往來途長乘騎底馬寔覺勞苦此後著
賞給站馬按照人數循例發給口米等因欽此欽遵抄出到部應亟咨行將軍轉
咨烏拉欽遵辦理等因來文一件

一康熙三十九年二月二十八日准將軍來咨内開嗣後捕打東珠數過千顆總管
賞給加級此次捕獲東珠二千一百八十顆着將總管穆克登加一級並賞給三
品頂戴翼領羅禪賞給五品頂戴嗣後不准為例等因奏准來文一件

一乾隆四十三年三月二十八日吉林將軍富康安奏烏拉捕珠各河口相距烏
拉甚遠難免不無乘隙偷捕之處是以將且近寧古塔三姓阿勒楚喀琿春等

城各河口就近著交該處衙門出派官兵不時嚴查且近黑龍江齊齊嘎爾莫爾根愛琿等城各河口亦交該處衙門出派官兵不時巡查再捕珠莫音到時各該城隨即出派官一員跟隨莫音指引路徑互相稽查如捕獲珍珠眼同該巡查官裝入封筒粘貼印花以免該丁等竊去等因具奏奉

旨好知道了

一乾隆四十三年十月内准吉林將軍富康安奏查打牲烏拉按年進送東珠由

盛京至都京該處循例出派章京一員領催二名兵二十名一体護送由吉林至

盛京並無護兵等因 努伏思進送人蔘由吉林烏拉至都京均有護兵而送東珠亦應派兵護送是以此次進送東珠着派翼領泰成等即由吉林出派護兵至伊通而

盛京亦應一律加派護兵自此永作定章等因奉
旨知道了等因奏摺一件
一乾隆五十四年十二月十三日准工部咨文內開准內務府議覆臣等查
上三旗五十九珠軒每珠軒定例應交額珠十六顆共應交額珠九百四十四顆
此次所交東珠尚缺二百九十四顆應將該總管翼領驍騎校等員均照例降
二級仍罰俸五個月至委署驍騎校委官領催均照例鞭責等因奉
旨依議欽此一件
一嘉慶三年十二月二十一日准戶部咨開為奏聞事內閣抄出打牲烏拉總管吉祿
奏採捕東珠鮮送內務府查收一摺嘉慶三年九月二十五日奉
硃批諭旨該部知道欽此欽遵於十月初一日抄出到部行文打牲烏拉總管並知

照吉林將軍衙門可也等情來文一件
一道光七年二月二十二日准工部謹
題為打牲烏拉採捕東珠照例賞賚事查例載吉林等處採捕東珠上三旗五十
九珠軒每珠軒額徵東珠十六顆共應徵東珠九百四十四顆頭等東珠每顆
准抵五顆二等東珠每顆准抵四顆三等東珠每顆准抵三顆四等東珠每顆
准抵二顆五等東珠每顆仍以一顆計算如額外多得一顆者將多得東珠之
牲丁賞給毛青布二疋缺少東珠一顆者將缺少東珠之牲丁鞭責一十計各
珠軒應得額數滿足者其總管翼領驍騎校毋應賞罰如於定額之外多得三
十顆為一分給賞總管翼領彭緞各一疋驍騎校繈紬一疋領催等各按旗分
內多得一分賞給毛青布各四疋仍有多得至數分者亦照此遞加賞賜如於

定額之外多得東珠一千顆總管翼領停其賞賜准加一級驍騎校領催各按分數議賞倘交定額缺少東珠十顆定為一分將總管翼領驍騎校各罰俸一個月領催等於各該旗內缺一分者鞭責一十倘更缺少亦按此扣算罰俸鞭責總管翼領驍騎校等至罰俸一年者降一級領催等罪止鞭責一百等語至
嘉慶三年以後酌減三成賞項為數孔多俱不能適用自應量為變通所有此項賞需之彭緞綢紬布疋等項着内務府核計應給之數各按例價折賞銀兩俾伊等均霑寔惠等因
題准來文一件

一查同治五年十一月十五日為呈報事本月初九日准署吉林副都統富　劉開為飛劄詳報事戶兵工司會案呈茲准總理文案處移開適奉憲諭現據烏拉總管

呈報前蒙劄知准內務府大臣咨照本大臣面奉
諭旨着吉林將軍照例採捕正珠東珠鮮交內務府欽此等因溯查捕珠向查松花
江分派之頭道江二道江輝法拉林阿勒楚喀三姓黑龍江齊齊哈兒愛琿嫩
江等處各河口應派官丁一千二百餘名所需鍋帳船隻䑸艫油蔴等項以及
駝馬人夫官丁整裝鹽粮需項甚鉅向無領款悉藉俸餉轉移近因欠領俸餉
銀十五萬餘兩辦理節年
貢差又免掣肘現又捕珠添辦什物更見難為陳請咨部籌撥餉銀各等因詳核
所請係屬寔情惟查需用大船七隻向由省城撥領其餘䑸艫係該處採砍即
由明年捕珠必須今冬造就俟明春江氷開化順流運下惟愛琿等處應需䑸
艫必得年前十月由陸路按馹運往方不悞事至所需置辦什物鹽粮銀兩均

由俸餉内備辦現有欠領十五萬餘兩之多均應先期籌備妥協明年方可舉辦着户兵工三司悉心會議呈明副憲詳覈奏稿先為請撥該處俸餉備辦什物暫緩戊辰年再行採捕等諭遵此相應移付户司遵照可也等因准此會查打牲烏拉總管衙門呈報捕珠所需置辦什物盐粮銀兩均由俸餉内備辦現有欠領十五萬兩之多均應先期籌辦妥協明年方可舉行惟欠領俸餉係由何年所欠領若干一次捕珠差徭必需実銀若干應需均係何項什物某項應用若干何項必需添補何項尚須另置某宗用價若干至於吉林黑龍江各河口應用船隻艤艉某河口需用几隻應由何處砍辦如何運解需項若干該衙門應派官弁壯丁若干名某處帮派官兵若干名整装作何関領盐粮駝馬如何支應本衙門無案稽核應飭該衙門詳細查明飛速呈報以憑酌核定擬具

奏先行請撥該處欠領俸餉以便赶緊備辦什物暫緩戊辰年再行採捕之處相
應呈請飛劄查報等情據此合亟劄仰打牲烏拉總管衙門遵照逐層詳細查
明速即呈報立待酌核具
奏勿稍遲延可也等因劄交前來遵即案查向遇採捕東珠應派官員領催六十
四員名牲丁一千零四十七名烏拉協領衙門添派官兵一百二十六員名兩
署共派採珠官弁兵丁一千二百三十七員名分為六十四莫音應需大船七
隻由省撥發其所用小船均按兵丁三名一隻共需小船三百八十九隻向在
盛京吉林黑龍江三省屬界上下河口合起分捕除協領衙門應需小船四十隻
布帳鈌鍋等物該衙門自行備辦不計外本衙門共需⿰舟威⿰舟虎三百四十九隻案
查咸豐十一年查付黑龍江愛琿兩城扣存⿰舟威⿰舟虎尚有堪用者二十一隻前於

十月二十二日本衙門飛文咨查續於本月初十日接准咨付內稱剩存⿰舟威⿰舟虎二十一隻均已糟朽不堪選用等因咨付前來詳核除此之外舊船一隻無存即應造數砍造循例報省請票派員帶領匠役前往省界拉法河源冷風口推吞土山一帶採妥木植赶緊備辦必得明春造齊江水開通始能順流放下惟黑龍江省嫩江綽爾河等處共十六莫音應需⿰舟威⿰舟虎九十六隻三姓湯汪海蘭等河共十一莫音應需⿰舟威⿰舟虎六十九隻均應年前運往至次年捕珠始能應急再查愛琿各河甚屬窵遠共八莫音應需⿰舟威⿰舟虎五十五隻勢必年前十月內乘雪陸路按馹運往各該處河口至次年捕珠不致貽悮其應造⿰舟威⿰舟虎三百四十九隻每隻歷辦約計銀八兩共需銀二千七百九十二兩其帳房亦按牲丁三名一架共需布帳三百四十九架又查除舊存布帳五十架盡數解省此外寔無餘存

即應照数添置每架約計銀八兩三百四十九架共需銀二千七百九十二兩
又應用帶耳明鈇鍋每船一口共需鈇鍋三百四十九口除舊存鈇鍋七十口
盡数觧省外無餘存亦應照数置買每口明鈇鍋約計銀一兩八錢三百四十
九口共需銀六百二十八兩二錢再查寗古塔琿春屬界之牡丹布爾哈圖嘎
哈力小綏芬等河不通松江應由陸路前往八莫音共派捕珠官丁一百五十
八員名應需駝馬一百五十八匹每匹需馬價及馬乾銀八兩一百五十八匹共
需銀一千二百六十四兩又捕珠牲丁一千一百十一名共需口米九百二十石
每石需銀一兩九錢共需銀一千七百四十八兩又裝米布袋四千六百条每
条需銀三錢共需銀一千三百八十兩又各船應用蔴繩共四千一百八十八
觔每觔六分共需銀二百五十一兩二錢八分又蘆蓆一千三百九十六領每領

七錢七分共需銀一千零七十四兩九錢二分又驗船長帮舉蔴灰油每隻需
銀一兩九錢共需銀六百六十三兩一錢以上置買各項統計寔銀一萬二千
五百九十三兩五錢向無領款全依發放丁餉攤扣例辦在案再查咸豐三年
以前出派捕珠牲丁一千零四十七名勢必將該丁等春秋兩季餉銀十二兩
合併一季全放接需各丁置買衣裝鹽醬鉄木器械及按驛陸路前往愛琿各
處沿途盤費等項應放餉銀一萬二千五百六十四兩並置買船鍋布帳器械
需項二共必需寔銀二萬五千一百五十七兩五錢可能週轉案查自咸豐三
年停捕至四年奉准部文每兩餉銀減改市錢二吊以來除採辦各項
貢差需費所剩無幾若明年捕珠出派各丁等仍按減改每兩市錢二吊發給各
丁餉錢二十四吊不惟家屬無資養贍及置買衣裝鹽醬鉄木器械勢必不敷

各丁難為寔不能週轉又兼咸豐十一年全歲俸餉銀四萬七千一百四十九兩
當經户部即在本省捐輸土税項下指撥無如省庫懸欠至今未發分毫又欠
領咸豐十一年俸餉寔銀二萬九千五百二十七兩五錢四分又欠領同治二
年俸餉寔銀二萬一千二百四十三兩六錢六分又欠領三年俸餉寔銀一萬
六千八百三十三兩七錢六分又欠領四年俸餉寔銀三萬四千七百十六兩
一錢五分又欠領本年俸餉寔銀四萬三千七百三十四兩三錢五分以上總
管衙門欠領節年俸餉銀十九萬三千二百餘兩以至各丁缺衣乏食日形拮
据若明年舉行捕珠即應赶緊備辦什物不惟乏項待餉而且現採木植砍造
（舟威）（舟虎）誠恐赶辦不及倘致貽悞捕珠要差咎不容辭等情合亟呈請備文並將
六十四莫音出派官丁船隻数目清字河道單粘連文尾合併聲明呈報等情

據此擬合呈報將軍鑒核施行為此合呈須至呈者

一同治六年十月二十一日呈報總管内務府本衙門奉

旨明年採捕東珠應需净紙一千六百張呈請發給去之領催廣春携來又咨報兵

部明年捕珠由廣儲司庫循領净紙一千六百張連皮共計重七十九觔由大

部請領駝馬票等情行文在案

一同治七年閏四月十九日總管巴揚阿具

奏將捕珠應用一切器物備齊分為六十四起酌量河道遠近督飭該官弁領催

牲丁等已於二四月陸續分起前往訖總管即於閏四月將印務暫交翼領格

圖鏗阿署理即日帶領官丁乘駕[舟威][舟虎]六隻啟程往赴邊外先將捕魚各河口

查勘畢即往下江三姓阿勒楚喀属界瑪延河東亮子河一帶嚴查並督令各

起官丁盡力採捕至處署役停捕總管急行折回在於通衢處所守候俟捕珠
官丁等差旋按起嚴加搜查畢先由漢路回任將捕獲大小正珠一同吉林將
軍富明阿分晰揀選另摺奏
聞又於十月二十四日將軍富明阿
奏爲呈
進捕獲東珠恭摺奏
聞事竊照 奴才等欽遵
諭旨奴才巴揚阿於本年春帶領捕珠官兵分起啟程往捕之處業已具
奏在案茲於九月二十九日適據各起捕珠官兵陸續旋回奴才富明阿途次與烏
拉總管巴揚阿分別驗看得三旗捕獲東珠共五百三十顆內揀得五厘起至

一錢餘重珠四百四十一顆正珠八百九十顆謹將揀得大小東珠分色光另

繕漢字清單呈

覽外努等將按旗分別揀得東珠敬謹盛匣封固飭交翼領雲　等於十月十三日

起程呈

進伏乞

兩宮皇太后

皇上聖鑒

飭下該部內務府等衙門查收為此謹　奏

謹將三旗捕得東珠正珠分數開列於後

計開

廂黃旗採捕得

一錢餘重東珠一顆

六分至七分餘重東珠三顆

四分至五分餘重東珠九顆

二分至三分餘重東珠五十七顆

五厘至一分餘重東珠七十四顆

微光東珠五顆

共一百四十九顆

大正珠十五顆

小正珠十二顆

正黄旗採捕得
一錢餘重東珠一顆
八分至九分餘重東珠二顆
六分至七分餘重東珠七顆
四分至五分餘重東珠九顆
二分至三分餘重東珠六十七顆
五厘至一分餘重東珠五十八顆
微光東珠七顆
共一百五十一顆
大正珠二十七顆

小正珠七顆

正白旗採捕得

一錢餘重東珠二顆

八分至九分餘重東珠一顆

六分至七分餘重東珠三顆

四分至五分餘重東珠十六顆

二分至三分餘重東珠四十八顆

五厘至一分餘重東珠六十三顆

微光東珠八顆

共一百四十一顆

大正珠十五顆

小正珠十三顆

以上三旗採捕得東珠正珠共五百三十顆

一同治七年九月二十二日本衙門恭

進東珠出派四品翼領一員驍騎校一員筆帖式一員領催三名珠軒達鋪副二十七名共三十三員名應需騎馬二十三匹拉車馬十匹駝馬二匹由将軍衙門請領勘合又十月初五日咨請将軍衙門照例出派章京一員領催二名披甲二十名按驛接替護送又十三日呈報廂黄旗二十珠軒捕得東珠一百四十九顆正珠二十七顆正黄旗二十珠軒捕得東珠一百五十一顆正珠三十四顆正白旗十九珠軒捕得東珠一百四十一顆正珠二十八顆分別裝匣着

文翼領雲　於是日起程恭
進等情呈報總管內務府又本衙門採捕東珠之官員領催牲丁並五旗王公等
捕珠之牲丁花名造册咨報工部以憑查核分別賞罰又三旗五旗共捕得東
珠正珠各數目咨報工部又恭
進東珠咨報
盛京兵部山海關副都統等衙門俟珠差抵境該衙門照例各出派章京一員領
催二名披甲二十名按驛接替護送又恭
進東珠本衙門發給該員過山海關門票一張又呈送東珠繕辦廻批令差員持
赴掛號等情咨行廣儲司又批差呈送東珠委員等將珠差竣持批親赴廣儲
司掛號等情行文在案

一同治八年十月初一日准工部為打牲烏拉採捕東珠照例賞賚事虞衡司案呈查例載吉林等處採捕東珠上三旗五十九珠軒每珠軒額徵東珠十六顆共應徵東珠九百四十四顆頭等東珠每顆准抵五顆二等東珠每顆准抵四顆三等東珠每顆准抵三顆四等東珠每顆准抵二顆五等東珠每顆仍以一顆計算如額外多抵一顆者將多抵東珠之牲丁賞給毛青布二疋缺少東珠一顆者將缺少東珠之牲丁鞭責一十合計各珠軒應得額數滿足者其總管翼領驍騎校毋庸賞罰如於定額之外多抵三十顆為一分賞給總管翼領彭緞各一疋驍騎校縐紬一疋領催等各按旗分內多抵一分賞給毛青布各四疋仍有多抵至數分者亦照此遞加賞賜如於定額之外多抵東珠一千顆總管翼領停其賞賜准加一級驍騎校領催各按分數議賞倘定額缺少東珠十

顆定為一分將總管翼領驍騎校各罰俸一個月領催等於各該旗內缺一分
者鞭責一十倘更缺少亦按照此扣算罰俸鞭責總管翼領驍騎校等至罰俸
一年者降一級領催等罪止鞭責一百等語於嘉慶十七年二月十三日奉
旨工部奏議給吉林等處採捕東珠賞項請照舊例區別辦理一摺吉林等處採珠
官員領催等向以得珠多少為賞罰總管翼領驍騎校核計各珠軒所得總數核
算領催各按旗分內所得之數核算定例本有區別近年籠統交收不分旗分領
催等亦按總數均匀得賞殊非核寔之道除此次已就總數揀選即按數均匀分
給賞項嗣後吉林等處觧交東珠着該將軍各按旗分將所得之珠分晰封記並
將領催等各按旗分造册送部以憑核計分議賞罰其嘉慶三年以後酌減三成
賞項之案亦着查銷至此次賞項朕閱單內所開共用彭緞七十二疋潞紬二百

十六疋毛青布三千三百餘疋近日外省製觧此等紬緞布疋多以下劣充数該
官員兵丁等領受賞項為数孔多俱不能適用仍不過賤價變賣孰肯長遠攜帶
轉糜運費非所以示體卹自應量為變通所有此項賞需之彭緞潞紬布疋等項
着內務府核計應給之数各按例價折賞銀两俾伊等均霑寔惠其緞疋等件每
歲所需既少即可减数採辦並著交內務府詳細確查如有似此可以折賞者一
併覈議具奏欽此欽遵在案玆准內務府咨稱吉林將軍送到打牲烏拉等處採
捕同治七年分東珠廂黄正黄正白等三旗共採獲五百三十顆會同揀選得
等第開单具奏奉
旨依議欽此欽遵於同治八年正月二十九日抄録原单咨送到部該臣等議得同
治七年分採捕東珠除無光東珠珍珠珠丁一百五十顆不入正額外共揀選

得入等東珠三百八十顆內頭等東珠七十五顆每顆照例准抵尋常東珠五顆計抵三百七十五顆二等東珠三十三顆每顆照例准抵四顆計抵一百三十二顆三等東珠七十四顆每顆照例准抵三顆計抵二百二十二顆四等東珠六十三顆每顆照例准抵二顆計抵一百二十六顆五等東珠一百三十五顆每顆仍以一顆計算以上共計抵東珠九百九十顆內查廂黄旗二十珠軒每珠軒應交額珠十六顆共應交額珠三百二十顆此次揀選得該旗頭等至五等東珠一百二十三顆計抵三百五顆按應交額珠三百二十顆之數尚虧十五顆查例定缺少額珠十顆定爲一分將領催等鞭責一十此次缺少額珠十五顆應將該旗領催等鞭責一十正黄旗二十珠軒每珠軒應交額珠十六顆共應交額珠三百二十顆此次揀選得該旗頭等至五等東珠一百三十五

顆計抵三百三十四顆除應交額珠三百二十顆計多得十四顆較例定原額雖無所虧而所盈不及一分之數該旗領催等自應毋庸賞罰正白旗十九珠軒每珠軒應交額珠十六顆共應交額珠三百四顆此次揀選得該旗頭等至五等東珠一百二十二顆計抵三百五十一顆除應交額珠三百四顆外計多得四十七顆查定例額交東珠每多抵三十顆作為一分領催等各按旗分内多抵一分賞給毛青布各四疋此次多得四十七顆應議一分之賞該旗領催等應賞給毛青布各四疋計領催十九名共賞給毛青布七十六疋至總管翼領驍騎校壯丁等應照例合計三旗珠數多寡核定賞罰此次籠統核算三旗所抵珠數或盈或虧截長補短統計多得東珠四十六顆該總管翼領應賞給彭緞各一疋驍騎校每員應賞給縐紬各一疋共十三員應賞給縐紬十三疋

牲丁等每多得東珠一顆例應賞給毛青布二疋此次共多得東珠四十六顆應賞給毛青布九十二疋以上應需賞項行文內務府查照臣部奏准原案併遵照嘉慶十七年欽奉
諭旨折賞之處辦理查下五旗採獲東珠二百七十八顆亦應照例扺算共揀選得入等東珠八十六顆計扺一百七十八顆再查該五旗三十五珠軒每珠軒例交額珠十六顆共應交額珠五百六十顆此次於定額之內尚虧東珠三百八十二顆其應如何賞罰之處併由臣部行文下五旗王公貝勒等自行酌核辦理等因同治八年四月十三日題本月十五日奉
旨依議欽此相應移咨打牲烏拉總管遵照在案原於何年設捕因康熙三年總管布特庫家被回祿將檔案焚燒無憑考查

採捕松子

一查

貢進松塔採捕定例於康熙二十四年十一月十四日准都虞司咨開總管内務府
奏查打牲烏拉總管希特庫文稱據抄没發往採蜜之五十户丁李嘉蔭等於二
十四年十月陸續抵烏尚未搭蓋房屋亦未預備墾地器俱等情懇將蜜差暫
停一年俟將農業稍安即行採蜜等情懇呈轉咨前來第查康熙二十四年二月
奏定烏拉地方相距採蜜山場切近著交總管由此新發抄没户内有子弟者或
奴僕者添派五十名歸併幇丁一百名内共作一百五十名採捕蜂蜜其五十户
大約於年内方能到齊仍由各打牲丁名下起支口粮限於明年八月三十日
停支等因奏准在案茲查該總管所咨係屬寔在合無仰懇

天恩可否准如所請停採一年其明年採蔘仍在採蔘丁內加選五十名合併陳丁
　一百名採捕之處等因奉
旨此項輪採蔘差即行停止其訥音河捕珠亦即停止遺出此項採蔘牲丁着加入
吞河捕珠再將松子自此免由
盛京閱領仍着烏拉呈進其烏拉打牲丁如何採捕之處着會同該總管希特庫
議奏欽此欽遵查捕魚丁五十七名採蔘陳丁一百名新丁五十名捕打貂皮東
　珠丁一百九十二名每丁一名限交貂皮二十張以皮折珠較之莫若將捕貂
　差使裁去統歸捕珠誠與牲丁有益再
盛京産松山塲相距路遠途長懇告多次請將該三佐領採捕松子丁一百十四
名每年應交松子信斗九石松塔一千個臣等議由烏拉原採蔘丁一百名併

新到捕蜜之牲丁五十名又停捕訥音河遣出打牲丁五十名内今年採蜜明
年捕珠其
盛京採捕松子裁撤統歸烏拉採取共二十五珠軒每珠軒交松子六信斗松塔
四十個共應交松子十五石松塔一千個每年十月由驛運送等因奉
旨依議欽此再供
奉先九祖佛堂等處松子先用信斗一斗五升於十月初一日以前送到都京以待供用
勿得逾限延悞其餘松子松塔於十月内送到毋遲將此行文該總管希特庫
知之等因來文一件
一康熙二十九年十二月初九日准都虞司咨開内務府
奏據烏拉總管咨稱本年松子未産陳松子亦無餘存可否權宜將松子一斗折

銀若干著交廣儲司贖備呈

進等因奉

旨着該府查明議奏臣等恭查康熙二十五六年烏拉呈

進新松子十五石二十七年因新松子未産准以陳子呈

進等因臣等查詢陳子由何而來據稱由本處街市採買而賣松子之人從何處

採得據稱由

盛京山海邊來的此外再無産生之處視其市上所賣松子該烏拉非係本年未

産究係採子之丁等並不盡心採取一味愛財偷賣將此應交松子十五石仍

著烏拉總管滿達爾漢迅速呈進嗣後倘逾限不交即嚴行奏叅重懲等情覆奏奉

旨雖松子未收尚有返賣者着滿達爾漢等將十五石松子准由該處賣足呈進餘

依議欽此等因來文一件

一嘉慶元年八月十九日曉諭於乾隆六十年十月內准都虞司咨開由內閣抄出八月十三日奉

上諭朕聞東三省每年所取松子松塔非將松樹伐倒不能採取若如此竟將大樹伐倒不惟愈伐愈稀尚與情理不合寔屬可惜將此着東三省將軍總管嗣後無論旗民採捕松子蜂蜜務須設法上樹由枝取下不準亂行伐樹從此一体嚴禁倘若藉此差徭違禁仍將樹株伐倒者准令隣封將軍具寔奏参等情欽遵曉諭在案

一嘉慶五年五月初二日准掌儀司咨開今恭遇

壽皇殿

安佑宮添供

高宗純皇帝聖容位前每逢朔望各供乾果九大碗內應用松仁上年該處進到松子不敷應用現應添供松仁暫行買辦供獻外理合呈明請行文打牲烏拉將軍衙門遵照除每年應交松子數目外加添松子倉石九石五斗四合如閏月之年再加添松子倉斗七斗九升二合俟該處交到之時即行停止買辦等因本衙門復行咨稱各供加添松子從寔細核嗣經咨覆前來查照加添供品數目分録粘单核與添數無異等情來文一件

一嘉慶十七年正月初九日准總管內務府來咨

皇上御前早晚膳一年添用松子金石八斗四升三合七勺五抄每年按照有無閏月核計呈送來文一件

一案查捕打松子歷年過白露節由三旗共出派驍騎校三員委官三員領催三

名珠軒頭目舖副十八名打牲丁四百五十名又代協署捕差派丁一百五十名分為三莫音往赴拉林拉法退摶冷風口等處捕打松子二十二石九斗二升計重八千七百觔如遇閏月加添一百七十觔由將軍衙門請領過卡票照三張又按年九月內恭

進頭次鮮松子三信斗敬裝黃布口袋出派委驍騎校一員珠軒頭目舖副二名專摺由驛恭送都京以待供祭

奉先九祖佛堂之用又十月內恭

進二次松子八千七百餘觔松塔一千個敬裝蘇蔴布袋出派驍騎校一員委官一員珠軒頭目舖副五名連口袋箱囤等共計重一萬四千八百五十餘觔裝載驛車每車定例六百觔共用驛車二十五輛呈送都京總管內務府呈交

內外菓房以備供用查此駟車因更替運鮮菘遲嗣經改為底車每駟車一輛每里由駟折領銀一分以為大車腳需是以按年諮差員自備大車四輛以免沿駟裝卸多延時日

以上節次加添供用松子按市石二十二石九斗二升內除協領衙門按三分之一應交松子七石六斗四升松塔一百二十個本衙門應交松子十五石二斗八升松塔八百八十個珠軒達鋪副打牲丁共四百六十八名每名應交松子市升三升六勺四點

一按年往赴總管內務府恭送頭次鮮松子三信斗三次恭送松子十五信石松

塔一千個此兩次松子倘遇松樹不能產塔無處採捕即遵照康熙二十九年
都虞司咨文一信斗梜四十觔購買呈交查採捕松子蜂蜜等差原協領衙門
按三分之一派人併本衙門牲丁內採捕其松塔亦照三分之一捕交乾隆四
十三年經吉林將軍衙門具
奏本衙門採捕當差六百七十名披甲內除派赴京恭送
貢用松子油鰉魚白蜜披甲一百二名又捕二次松子派甲二百十二名內尚虧
披甲一百名二共虧披甲二百二名不計外合將虧交松子松塔數目梜之協
領衙門披甲等應捕交松子三信石松塔一百二十個本衙門應交松子十二
信石松塔八百八十個又嘉慶五年准內務府劄開按年添送松子二信石六
斗四升亦照前捕交松子之數分梜協領衙門披甲等應交五信斗二升八合

本衙門牲丁等應交二信石一斗一升二合仍歸二次松子内恭送第查前後二次共松子十七信石九斗四升本衙門應送十四信石四升二合每信斗按四十觔共計五千七百六十四觔十二兩八錢折市斗一斗八升梜之共市石二十五石九斗四升一合六勺查捕打此二項松子係由本衙門採珠三旗内共出派領催三名珠軒頭目五名鋪副五名打牲丁四百三十名除領催三名不計外寔有珠軒頭目鋪副打牲丁等四百四十名按二十五石九斗四升一合六勺松子八百八十個松塔均匀梜分每人應交松塔二個按市升應交松子五升八合九勺五撮八點餘又如遇閏月加送松子二信斗二升協署應交四信升四合本衙門應交一信斗七升六合按市升梜計應交三市斗一升六合八勺按四百四十人每人應交加添松子七勺二撮

以上三旗一年出派採捕松子牲丁共四百三十名按五十九珠軒核之四十二珠軒每珠軒應出派丁七名十七珠軒每珠軒應出派丁八名

採捕蜂蜜

一查

貢進蜂蜜採捕定例於康熙二十四年三月三十日准都虞司來咨內開為捕打蜂蜜各珠軒頭目倘有差務奮勉者即賞以領催補用如不足額者定以鞭責等因奏准來文一件

一康熙二十五年十月二十六日准都虞司來咨內開抄沒之户五十丁歸併捕打蜂蜜一百名丁內一体捕差等因來文一件

一康熙四十一年正月十八日准都虞司清文內開查康熙二十四年三月內准都虞司議覆內開烏拉各旗採蜜牲丁等如果額外交蜜十鐔以上九鐔以下擬賞給採蜜之領催彭緞一方如一連多交三年即賞雲肩袍料一方如得賞

三年格外添賞貂皮搭護一身如虧九鐔以下免責虧十鐔以上每鐔折二鞭

如領責三年將管領催鞭責一百降歸打牲丁內一律捕差其遺領催之缺揀

選諳旗得賞多次之珠軒達放為領催等因具奏奉

旨依議欽此一件

一雍正七年四月十一日准都虞司咨開王大臣等會奏為遵

旨議奏事據內務府御史雙廷等

奏查康熙五十三年議

奏打牲烏拉一百五十名丁一年採蜜一年刨蔆每丁一年定交蔆二十四兩共

計交蔆二百二十五觔每丁一年定交蜂蜜七十觔共計交蜜一萬零五百觔

由騆車拉運送至都京親覲熬熟寔數交納其熬蜜必住月餘丁等所需口米

騎馬草料柴炭循照定例由戶工二部請領関給又查雍正五年都虞司議定
現有漢人進蜜足可敷用相應將打牲烏拉所進蜜
貢從此裁撤而採蜜之丁着盡行刨復等因於雍正六年因漢人交蜜稍覺不敷
供用仍令打牲烏拉遵照將以前採蜜一百五十名丁内揀丁五十名採蜜循
例進送等因奉
旨依議欽此來文一件
一嘉慶十年五月二十九日准都虞司咨開打牲烏拉每年盛裝蜂蜜需用官猪
皮一百張將蜂蜜鮮送到京用過舊猪皮在武備院更換新猪皮在案當因武備
院缺少應進之處尚未鮮到將此通融辦理該處差員委官仍將舊猪皮持回
以俟明年鮮到蜂蜜時再行照數發給可也等情來文一件

一嘉慶二十年四月初六日總管爾德佈
奏查本署恭進蜂蜜原由馹請要站車其官員頭目皆乘底馬按馹僅領空草喂
馬俟至
盛都京即由戶工部請領盐粮草料柴炭但至都路隔二千餘里而底馬未免不
無疲乏之虞伏查本署恭
進東珠曾派官丁四十員名按馹請領包馬三匹騎馬四十匹每日每人請領口
分銀五分經過地方循例請兵護送惟蜜差係屬自備鞍馬擬請將進珠應用
馬匹內裁去七匹並應領口米銀七分轉為送蜜之差如此擬轉庚於此二差
兩有裨益其按年送珠應給騎馬三十三匹包馬二匹送蜜應給騎馬七匹包
馬一匹則蜜差方可永不致悞如蒙

俞允即行飭知
盛都京戶工 部轉飭各馹待蜜差到時將應領口米盐粮馬匹草料銀一概裁去俟
差至都守候熬蜜時仍由戶工 部按日請領口米盐粮柴炭其草料仍行裁免
是否之處伏乞
聖鑒謹奏奉
旨着照所請辦理該部 知道欽此等因來文一件
一案查捕打生蜂蜜歷年届近寒露由 三旗共出派驍騎校 三員委官三員領催
三名珠軒頭目鋪副十五名打牲丁四百九十名又代協署捕差派丁一百五
十名分為三莫音捕打生蜜六千觔送都候至清明節熬熟呈交油麵倉收存
以備應用又出 派委官一員領催珠軒頭目鋪副五名打牲丁三十名為一莫

音嵩捕白蜜蜜尖蜜脾往赴舒蘭霍倫冷風口珠箂等處採捕由將軍衙門請
領過卡票四張在案捕齊分裝匣簍按年於十二月內恭
進白蜜十二匣蜜尖十二匣蜜脾十二匣生蜜六千觔以猪皮將簍口封固粘貼
印花共計重七千七百八十餘觔出派驍騎校一員委官一員珠軒頭目鋪副
五名應用驛車十三輛呈送都京其白蜜蜜尖蜜脾恭呈
御覽呈交內務府內菓房收存以備應用查此驛車每里仍由驛折領銀一分以為
大車脚需是以按年該差員自備大車三輛以免沿驛裝卸多延時日
以上供用生蜂蜜六千觔內除協領衙門按三分
之一應交生蜜二千觔外本衙門應交四千觔
珠軒達鋪副打牲丁共五百五名每名應交生
蜜七觔九兩二錢四厘原於何年設捕因康熙三年總管希特庫家被回祿將檔案焚燒無憑考查

一按年往赴
清茶房送白蜜十二匣蜜脾十二匣蜜尖十二匣查採捕此匣盛裝之蜜由三旗共
派領催二名珠軒頭目四名鋪副四名打牲丁八名又往赴總管内務府衙門
恭送生蜂蜜六千觔至京煎熬仍交熟蜜三千五百觔此六千觔生蜜協領衙
門應交二千觔本衙門應交四千觔查採捕此項生蜜由三旗共派領催三名
珠軒頭目五名鋪副五名打牲丁四百九十名除領催三名不計外寔有珠軒
頭目鋪副打牲丁五百名按四千觔均匀梗分每人應交蜂蜜八觔
以上三旗一年出派採捕裝匣之蜜並生蜂蜜共
一丁四百九十八名按五十九珠軒梗之三十三

珠軒每珠軒應出派丁八名二十六珠軒每珠軒應出派丁九名

採捕鰉魚

一查

貢進鱘鰉等魚採捕定例於康熙四年十二月十五日准工部咨文內開為

奏捕鱘鰉魚事前因

世祖章皇帝駕幸

盛京時據

福陵之白山等言將捕魚應用網片等項概行備妥送白山已赴烏拉捕鰉魚去訖所備網片未知烏拉江上能否使用再白山等在烏拉捕打鰉魚網片未識何人織造何人收存應亟飭部遣人速詢白山倘能使用急行修補如不堪用即着烏拉派人照先織網之例將捕鰉魚網片各等器械一一備置等因奉

旨欽遵來文一件

一康熙五年九月初五日准工部咨開據掌烏拉閑防希特庫咨稱由京來咨准盛都京工部議奏據烏拉送魚翼領額黑告稱尚書言及冬捕鱘鰉魚尾所用丁力器械並未議章應亟咨覆查詢穿氷眼下網乞串杆子及拉網等人共用三百餘名用鈌釵九十杆鈌鑹一百二十杆戳鈎五十杆鎗五十杆網七十塊每塊網用蔴二十觔除應用蔴該丁自備外其釵鑹等項器械共用鈌一千一百十五觔奏請由部請領等因奉

旨依議欽此

一康熙五年三月十五日准兵部咨開為

奏打牲烏拉恭進

上用鰉魚由驛恭送之處等因奉
旨依議欽此着内務府查辦舉行並飭知烏拉寧古塔將軍知照可也
一康熙八年正月初四日准工部咨開准打牲烏拉文稱夏季捕魚網一百塊現
　已破爛請照冬季捕魚網之例由部請銀織造等因奉
旨是年暫行給銀下年永遠停止欽此查織新網一百塊必需蔴四千三百觔每觔
　合銀五分共合銀二百十五兩着爾該總管等差便領取可也等因來文一件
一乾隆四十三年正月初二日准將軍衙門清文内開奉
上諭朕視打牲烏拉處上年進來鱘鰉魚有八九尺者不等今減剩四尺足見該總
　管索柱並不竭力捕打再朕大祀
天壇在正陽門外見魚市售賣鰉魚大約有一二丈長者嗣後將打牲烏拉所進東

珠鱘鰉魚等着歸吉林將軍富康安兼理總管所管官員打牲丁俸餉數目及歷年捕珠啟程時將出派之官員打牲丁等名數分晰造册咨報吉林將軍查核細心辦理欽此來文一件

一乾隆四十四年四月二十四日准兵部咨開内閣抄出吉林將軍霍隆武奏打牲烏拉包裹鰉魚應用蓆布等物請由驛站運送等因奉

旨知道了欽此等因一件

一嘉慶元年十月初二日准

盛京工部咨開准烏拉總管衙門咨取恭

進鱘鰉魚需用大蓆七十二領繩八十觔等情前來第查鱘鰉魚從前俱係本部派員包裹前於乾隆四十三年經吉林將軍富康安

奏明在於該處自行包裹其所用蓆片當因路途遥遠轉運維艱即照該處苫倉
蓆片之例每領折銀一錢八分計銀十二兩九錢六分發給該處差員收領自
行採買在案又於乾隆六十年十月内本衙門據情仍改為蓆片蔴繩派員咨
領毋庸發給銀兩等情當經該部允准劄行各處發領可也

一道光二十二年十二月初一日奉

硃筆改定清單一件

管理打牲烏拉吉林將軍初次進

硃筆鱘鰉魚十尾不拘尺丈

硃筆氷雜魚四百尾鱒魚九尾

管理打牲烏拉吉林將軍二次進

硃筆鰉魚十尾不拘尺丈

硃筆冰雜魚四百尾鱒魚九尾

硃筆自明年起按硃筆改定數目呈進

一案查捕打鰉魚歷年至穀雨節出派委官三員領催三名頭目十二名打牲丁七十二名往赴邊外產魚各河口盪捕隨時送圈圈養苐每至立冬節出派委翼領一員委官二員領催五名頭目五名打牲丁六十四名往赴邊外伯都訥屬界產魚各河捕打挂冰色魚總管循例

奏明至立冬後江冰封固將印務暫交翼領署理帶領官丁出邊親詣督捕各色魚尾由驛運送巴延總管挂冰報明吉林將軍勘驗其頭次將軍单銜二次將軍總管會銜具

奏分為兩次呈
進等因在案查道光二十二年十一月内奉
硃筆欽定數目兩次共進鱘鰉魚二十尾不拘尺丈鱒魚十八尾各色魚八百尾每
次出派驍騎校一員委官一員領催一名珠軒頭目鋪副四名共應
進鱘鰉等魚連包裹草囤等項每次共計重一萬二千餘觔每駟車按六百觔共
用駟車二十輛呈送都京總管内務府歷交乾肉庫每將樣魚恭呈
御覽致祭
奉先各殿之用查此駟車每里仍由駟折領銀一分以為大車脚需是以按年詇差員
每次應備大車四輛以免沿駟裝卸多延時日原於何年設捕因康熙三年總管希特庫家被回禄將檔案焚燒無憑考查

採捕鰉魚

一查恭送
陵寢祭祀供用鰉魚設自康熙三十九年始送六十六尾嗣因祭用節次加添至光緒
七年三月初四日准
盛京禮部咨文内開查本年春季恭送
昭西陵一年祭祀應需用鰉魚一百八十六尾
孝陵一年祭祀應需用鰉魚三百六十四尾
孝陵一年祭祀應用鰉魚八百零六尾
端憫固倫公主園寢一年祭祀應用鰉魚九十尾
景陵一年祭祀應用鰉魚二千二百二十二尾

裕陵一年祭祀應用鮑魚一千九百三十六尾
定陵一年祭祀應用鮑魚三百尾並
嬉妃一年祭祀應用鮑魚九十尾
惠陵一年祭祀應用鮑魚三百二十尾又光緒八年七月二十日准
盛京禮部咨文内開
定東陵一年祭祀應用鮑魚一百二十尾以上按年春季應用鮑魚六千四百三十四
尾除劄飭六品官照例分為預備外相應知照打牲處嗣後照依此次按年春
季分送鮑魚三千二百十七尾又光緒九年七月十三日准
盛京禮部咨文内開准
西陵承辦事務衙門咨稱恭照

泰陵併
皇貴妃園寢等處明歲大小祭祀需用鮰魚一千尾又准
泰東陵大小祭祀需用鮰魚一百五十尾又准
昌陵併
和裕皇貴妃園寢等處明歲大小祭祀需用鮰魚一千零六十尾又准
昌西陵大小祭祀需用鮰魚一百五十尾又准
慕陵併
公主園寢大小祭祀應用鮰魚一千一百二十尾又准
慕東陵
孝靜成皇后暨

莊順皇貴妃等位光緒十年分大小祭祀需用鰉魚八百五十尾共用鰉魚四十三百三十尾本部六品官應分交鰉魚二千一百六十五尾令其一併預備其打牲烏拉總管衙門秋季應送鰉魚二千一百六十五尾相應飛行打牲烏拉總管衙門查照如数恭送以便轉送幸勿遲滯等因在案

以上節次陸續加添春秋兩季共用鰉魚五千三百八十二尾春季應分送三千二百十七尾秋季分送二千一百六十五尾

一案查歷年應

進細鱗鰉魚五千三百八十二尾每至立秋節出派驍騎校一員委驍騎校一員委官一員領催三名頭目六名打牲丁六十六名分為六[illegible][illegible]牲赴東山舒蘭

霍倫珠策拉林 三岔河牡丹江大石頭河都林黄泥河子等處棠亮捕打由將軍衙門請領過卡票照六張另派委翼領一員頭目二名打牲丁四名由本衙門發給票一張前往各 河口莫音來往巡查其鮍魚分為正八月兩季恭送春季應送鮍魚三千二百十七尾秋季應送二千一百六十五尾每五十尾用担夫一名送差官每季出派委官一員珠軒頭目鋪副二名由驛担運恭送
盛京禮部以備供祭
五陵之用查此差上年均在上江渾法等河捕打嗣於同治五年因出荒上江沿河兩岸招聚佃民開墾並被金匪刨挖河底不產細鱗魚尾復行採得東山舒蘭溪浪牡丹江等河捕打在案原於何年設捕因康熙三年總管布特庫家被回祿將檔案焚燒無憑考查

添裁俸餉

一查得烏拉原設打牲丁月食餉銀五錢每逢派捕差徭倍覺苦累當經護軍統
領烏拉總管雍和據情
奏明於乾隆三十二年二月二十一日准都虞司來咨内開本司議
奏查烏拉牲丁每月原食餉銀五錢近年以來生齒日繁人烟集盛遇有差徭别
無另款開銷均係該丁自備資斧寔覺困累若不加恩難期差遣請將每丁每
月加添銀五錢珠軒達鋪副每月各加銀五錢以資鼓勵而重
貢差等因奏准照辦在案嗣於道光十九年十月二十五日接奉省文准户部咨
文内開打牲烏拉地方與吉林切近所有用過俸餉等項銀兩仍咨吉林將軍
查明具題於題本内據寔聲明並令該總管嗣後每年咨報吉林將軍彙總具

題報銷等情咨覆在案又於道光二十一年正月内准將軍衙門咨開玆准部
文將吉林黑龍江打牲烏拉總管等衙門應領俸餉銀兩每千兩應扣平餘銀
二兩六錢其打牲烏拉俸餉銀兩應扣平餘銀兩由該衙門自行坐扣徑行報
部等因在案又於道光二十七年九月三十日准
盛京戶部咨文内開除原文省繁減叙外查打牲烏拉按年領取俸餉銀兩向係
由奉天守候関支惟去歲該處應領銀兩准吉林來咨代為領解就近分撥當
經咨覆在案今來咨既稱仍循舊章往赴
盛京守候領取免致輾轉多需時日亦可乘便関領包送鮑魚布疋等物藉省縻
費而免貽悮等因咨請前來本部核其情節亦屬急公起見應如所咨辦理相
應仍咨覆打牲烏拉總管衙門查照向例務將一歲應需俸餉銀兩於年前造

册移送本部查對即於十二月間派員赴奉天守候分領按季開放並知照吉林將軍衙門嗣後該處應領俸餉銀兩仍令循照舊章辦理毋庸往赴貴省輾轉分撥以免貽悞而省糜費可也又於咸豐四年九月二十七日准將軍衙門咨文內開戶部議奏據吉林將軍景

奏為經費支絀籌辦俸餉請將烏拉今春俸餉銀二萬九千四百四十餘兩每兩暫按市錢一串由吉林庫存錢內先行籌撥等因奏奉

硃批着照所請行令該部之道欽此欽遵在案又查該將軍奏稱此後烏拉總管衙門俸餉均照伯都訥成案每兩按折市錢二吊五百文放給等語臣等查該處牲丁止辦採捕差徭較與旗兵有別本年春季俸餉既經該將軍奏明每兩暫撥制錢一串抵放此後該處俸餉自應一律辦理應令該將軍即將今秋烏拉

俸餉無論原領租錢並原放銀兩均照春季奏章每兩抵放制錢一串以歸畫
一等因行知在案茀查本衙門俸餉自咸豐四年起遵奉部議每銀一兩折放
市錢二吊以來辦差拮据官丁倍常苦累尚且部庫並各外省頻年欠撥一切
差徭不敷籌辦復於光緒七年十一月間經總管雲　援案報明吉林將軍銘安
懇請據情代
奏奉
旨着戶部議奏欽此於光緒八年三月初七日准戶部議覆內開吉林將軍銘安奏
烏拉官丁俸餉折放不敷辦差請照省章每兩改放市錢三吊一律加給一摺臣
部伏查吉林省各城兵餉咸豐年間奏定章程每兩五成現銀按八折開放五
成現錢按二吊五百文作銀一兩同治十二年五月前任將軍奕榕

奏請酌加調劑案內經 臣 部議以五成現錢數內改為三吊作銀一兩每兩定放
制錢一串五百文奏准行知遵照辦理在案茲據銘安以烏拉牲丁窮苦請照
吉省定章每兩改作市錢三吊除俸餉內每月發市錢二吊外再由新放荒地
大租項下加發市錢一吊不動正款亦不加撥協餉等情據奏前來臣等查銘安
所奏該丁等當差貧苦自係實在情形吉省放餉既有定章烏拉自可仿照辦
理 臣 等公同商酌擬請准如銘安所奏以示矜恤而昭平允恭候
命下 臣部即飛咨該將軍轉行烏拉總管俟接到部文之日起遵照一律改放仍將改
放起支日期崗案報部查核等情遵將加添俸餉錢文分為春秋兩季由吉林
將軍衙門大租項下關領其循例俸餉銀兩仍由
盛京戶部關領按年開放俸餉數目造冊咨送吉林將軍衙門彙總報部核銷在

案又查咸豐五年十二月二十五日准戶部咨開吉林烏拉應領俸餉銀咨行盛京戶部嗣後再撥給吉林烏拉俸餉銀兩除每千兩發計銀五兩平餘銀五兩二錢向由金銀庫坐扣外應照吉林將軍上年奏案將每千兩應行出平銀二十三兩三錢一分及吉林向例領兩俸餉銀每千兩應扣盈餘銀七錢一分全數由金銀庫扣畱存儲歸入正款開銷一律按吉林市平彈兌發交該委員領回備用仍將所扣銀兩隨時專咨報部以備稽核來文一件

疆域

烏拉地居吉林省城東北七十里（在京師東北二千三百七十里至吉林省城東北七十里）東至　里與　分界南至　里與　分界西至　里與　分界北至　里與　分界東南至　里與　分界東北至　里與　分界西南至　里與　分界西北至　里與　分界週圍界址共　里

城池

烏拉舊城設自順治初年創至康熙四十二年因舊城屢被水患於四十五年奉　旨遷移在舊城迤東高埠向陽之地修造城垣一座土築城牆週圍八里每面二里並一城門各

照東西南北為名按門均設堆撥房一所城中過街牌樓二座城裡分佈旗僕佔居不准容留浮民其商賈集鎮均在西門外立為南北東西大街中設察街處以免旗民混雜而重風化

官署

總管衙署在城裡十字街東原照依副都統衙門式樣修造大門三間儀門一座川堂三間大堂五間內設

龍廷後設印務處左設銀庫更房右設松子細鱗乾魚等庫川堂前各按腳色分設左右採珠八旗儀門外分設東西捕魚兩翼大門前照壁一座

協領衙門設自乾隆五年在總署西建修大堂三間儀門一座大門一間左右分設兩翼關防處其八旗在城四門各按五行分設東門外建設演武廳三間教軍場一處

職官

烏拉初設原係　都京總管內務府分司專爲採捕

國朝貢品後由本地揀放總管一員順治十四年添設翼領一員筆帖式二員至十八年又設翼領一員康熙三十七年又設筆帖式二員三十九年添設驍騎校七員雍正三年又設筆帖式三員六年添設七品委驍騎校七員乾隆十六年添設七品章京八員二十七年添設倉官一員倉場委筆帖式二員四十四年添設委官十員五

十六年添設五品虛銜委署翼領二員六品委驍騎校二員委官二員嘉慶四年又設五品虛銜委署翼領二員六品委驍騎校二員又由前設七品章京內改設委爲六品章京四員又設委官二員同治八年添設滿教習一員光緒十二年奏准虛銜四品至六品均歸實任照品食俸又自順治初年陸續添設領催二十四名珠軒頭目一百十四名內有採蜜三員經理官庄事宜一名鋪副一百四十一名內有鉄匠二名仵作一名打牲丁三千九百九十六名內有弓匠一名學習仵作二名

協署初設協領二員佐領十員防禦八員驍騎校十員嗣於乾隆二十五年吉林將軍奏裁佐領二員驍騎校二員又於三十年裁

撤協領一員防禦四員又於嘉慶二十三年裁撤驍騎校一員現今協領一員佐領八員防禦四員驍騎校七員於同治八年奏添滿教習一員世襲雲騎尉　員騎都尉兼雲騎尉　員騎都尉　員

兵防

烏拉向無駐防官兵於雍正十年特奉　上諭烏拉壯丁甚屬蕃盛俱係採捕行走貫習苦練由此丁內揀其強壯者選挑一千名作爲精兵遇有調遣以便急用於本年八月內巴力坤調兵即將此一千兵派往征勦於乾隆元年回師經總理事務王大臣議奏東三省等處俱有駐防官兵惟烏拉採捕地方向未設兵擬將此千兵留烏拉即爲一枝精兵歸吉林將軍屬轄乾隆五年經總管

會同吉林將軍具情奏准奏准在烏拉安設衙署添官管轄分立兩
翼八旗乃與總管衙門合併捕打東珠細鱗鱘鰉五色雜魚松子蜂蜜
等差按三分之一呈交俟閑暇之時令其該管官等操演騎射嗣於
乾隆二十五年裁兵三百名撥給寧古塔琿春二處現今實有甲兵七
百名

户口

烏拉所屬地面除在省旗人丁並歸民牌數目不計外僅
按總管衙門採珠捕魚八旗册内現今生齒五萬餘人
協署八旗　人

職官

歷任總管

烏拉設自順治初年所有地面記錄檔案文移等事歸滿洲付查氏屯長邁圖管理嗣於順治十四年放為六品掌關防總管至十八年遺缺補放伊子希特庫改為四品總管希特庫遺缺補放伊弟滿達爾漢滿達爾漢遺缺補放伊侄穆克登於康熙三十七年奉　旨改為三品總管養廉銀二百兩由都京廣儲司關領俸銀一百三十兩雍正七年穆克登前往阿爾泰出師遺缺補放伊子三等侍衛穆米祜賞戴花翎於乾隆八年穆米祜病故遺缺奉　旨將總管着放頭等侍衛綏哈那綏哈那於十五年回京其總管缺奉　旨着放護軍統領巴格食俸銀一百三十兩養廉銀五百兩於乾隆二十年奉　旨

巴格陞授堂郎中所遺烏拉總管之缺着放本處翼領滿洲閆扎
氏索柱賞戴花翎於三十年總管索柱緣事降為翼領其總管
缺奉 旨着放護軍統領雅和養廉銀五百兩雅和於三十四年
奉 旨調轉熱河將總管缺仍放翼領索柱於五十年奉 旨
總管索柱着放吉林副都統仍兼辦總管事務養廉銀二
百兩五十三年索柱病故遺缺奉 旨着放伊子吉祿於嘉慶
二年吉林副都統缺出奉 旨着放吉林副都統仍兼辦總管
事務於十六年吉祿病故遺缺奉 旨着放翼領滿洲奚特克
力氏宗德佈於二十四年宗德佈病故遺缺着放翼領滿洲那拉氏
佗克通阿嗣於道光十八年因年老奏請開缺奉 旨着放翼
領陳漢軍張姓德稜額於二十年德稜額病故遺缺着放翼領
滿洲瓜尔佳氏奇成厄於二十三年奇成厄緣事革職遺缺

着放翼領陳漢軍依尔根覺羅氏書騰阿於咸豐元年署
原品休致着放翼領陳漢軍張姓花凌阿於四年病故遺缺着
旨着放翼領陳漢軍依尔根覺羅氏禄權於咸豐八九年兩次署
理吉林副都統於同治元年奉 旨賞加副都統銜於四年原
品休致遺缺着放翼領滿洲依尔根覺羅氏蘇章阿於五年病
故遺缺着放翼領滿洲瓜尔佳氏巴揚阿於同治八年署理吉
林副都統於十年病故遺缺着放翼領滿洲闊扎氏格圖鏗
阿於光緒六年格圖鏗阿原品休致奉 旨着放翼領陳漢
軍依尔根覺羅氏雲

現任文武職官

古蹟

星星石長丈許色青潤每逢清夜之際常與星月接光相傳昔曾有南方人言石下有寶擬欲取之百計不能出石返下沉其擬乃止嗣後地漸增高直與㙮思呼貝勒城並峙在城外西北隅

行祠[illegible]

財神廟在城外西北隅於　年[illegible]正殿三間[illegible]

山門二間

藥王廟在城外西南隅於　年建修正殿三間後殿三間東西兩廊各五間山門三間此三廟香火碎修等事均歸[illegible]街商人經理

倉厫

烏拉倉塲在城裡東北隅於康熙四十五年經總管穆克登奏設按地支十二字編立外加春夏二字每五間一字共計七十間週圍土築牆東西建立看守更房各三間大門一間

學校

烏拉官學在城中牌樓東設自雍正七年向由八旗子弟内揀挑十歲以上性質明敏者百餘人分設左右翼官學建修前三間為漢學後三間為滿學由各該旗揀其學問優長騎射熟習之人出派一名令其教訓讀書學習騎射以備拔選隨差按年出派官一員筆帖

武一員專爲管理稽查功課以免疎懈嗣於同治九年經吉林將軍奏添滿教習一員其漢學仍揀學問優長者選用學資膏伙從優餉一體攤扣週圍土築院牆板門樓一座

官庄

烏拉官庄在城西北八十里於康熙四十五年所設尤家屯官庄一處張家庄子屯官庄一處前其台木屯官庄一處後其台木屯官庄一處蜂蜜營屯官庄一處共官庄五處名爲五官屯每屯交納官粮壯丁十四名副丁十四名每丁承種官地十五垧照信石納谷十二石合倉石四十三石二斗五屯共納三千零二十四石其管理一切事務出派驍騎校一員委驍騎校一員

田賦

一查喀薩哩荒地於嘉慶十七年奏准撥歸烏拉五官屯壯丁開墾耕種以補五官屯之薄田等因遵即札飭五官屯自行招佃耕種輸租共開熟地一千七百　垧每垧按市錢　百　文交納租賦按年派員前往征收租錢八百　吊津貼五官屯壯丁等濟恤官糧而蘇丁困

凉水泉荒地在城東北二百里於道光十三年奏准烏拉所屬凉水泉自二道河子迤東地方官荒撥出二萬垧以七成給烏拉總管衙門以三成給協領衙門招佃收租作為兩衙門津貼差務獎賞兵丁之費等因本衙門隨即遵照七成荒地一萬四千垧編立恭寬信敏惠字號協領衙門將三成荒地六千垧編立敦厚崇禮字號於十四年承領招佃墾熟俟五年後每垧照市錢六百六十文交納租賦共大租錢八千四百吊按年派員前往征收作為津貼兵丁差費

船艦

烏拉原設捕珠大船七隻歷貯吉林水師營船庫
小[舟威][舟虎]三百九十九隻內有全城協署四十隻恭逢開採
之年專摺奏請項為欲進以便使用除赴上江一帶差旋
來回仍貯庫外其赴下江卜魁所屬各河道採捕官丁
自三月往八月旋歸迫天寒即將乘去[舟威][舟虎]相留該處彼時
報明各地方衙門就近看守存放年久俱經各該衙署
咨文均以糟朽在案現在所剩[舟威][舟虎]
隻距城西南

八里松江东岸建修船庫一所此項舢舨俱貯其内

津梁

烏拉城南八里哨口設有擺渡大船二隻此津係屬官渡總協兩署按年各派官一員在彼值年經理

城南二十五里舊屯設有擺渡大船一隻

城西南八里彝斯瑪屯設有擺渡大船一隻

城西北十五里打魚樓屯設有擺渡大船一隻

東北三十五里四家子屯設有擺渡大船一隻

東北四十里塔庫屯設有擺渡大船一隻

東北四十五里佛爾哈通屯設有擺渡大船一隻

東北五十里許溪浪口子屯設有擺渡大船一隻

東北七十里許哈什瑪屯設有擺渡大船一隻

此八處渡船俱經佐近村屯捐[illegible]造

城西〔汪旗屯〕駱家屯〔二十二里許〕建修大橋一座

西北十五里建〔打魚樓屯〕修大橋二座

北三十里石家屯建修大橋一座

北六十里張家莊建修大橋一座

東北三十五里四家子屯建修大橋一座

東北八十五里許明家橋一座

東北九十五里許関家大橋一座

山川

内附貢山古蹟

城東北四十余里有一山孤峯独起西北央有一石上有鳳凰足跡入石寸許其名曰鳳凰山至今宛然犹在其發源之真脉始于長白山其鍾秀之灵氣接于龍潭山相連而

下及至烏郡坐鎮其間独是孤峯凌漢高閣冲霄其

上歷塑

玉皇大帝

太上老君

關聖帝君

孚佑帝君各廟神威赫濯宝像森嚴黎庶共崇庇佑封

疆永護平康

城北四十余里吴山子孤峯独起直冲霄漢東接二龍名山

西接法什巒峯其間層巒疊起犀岫圍環掖科名于烏郡啟文運于城鄉

貢山

城東二百余里有本署採捕松子蜂蜜各貢山場七座名曰帽兒山烟囱砬子珠奇山棒棰砬子雷擊砬子杉松嶺八台嶺共七山之一脉相聯現在泐碑刻銘按年派役巡守以杜奸民侵砍而重

國朝貢品

捕珠上下各河口

拉法河　鉄亮子河　渾法河

松阿里江　烏拉謬木遜河　富戸呢雅庫河　三道松子

納音河　拉林河以上各河俱在奉天吉林所屬界内

緞江　努敏必拉河　乾河　庫裕力河

納莫力河　達力楚兒河　多巴庫力河　那裕力河

以上各河俱在阿勒楚喀所屬界内

混同江以下松花江　吞河　公棚子河

遲陰研子河　巴延哈達河　倭合哈達河

海蘭鰲頭河　佗克索河　法庫河

湯汪河　巴蘭河　小咕咚河

瑪延河　東亮子河以上各河俱在三姓所屬界內

霍勒斌河　阿尔欽遜河　必拉戌河　綠佗莫戚河

洛琿河　牡丹江　札蘭河　戌哈力河

海蘭河　小綏分河以上各河俱在黑龍江愛琿所屬界內若遇捕採之年兩署出派官弁兵丁共一千二百三十七員名分為六十四起往赴上下各江河採捕

堵呂魠魚各河

舒蘭河　霍倫河　珠奇河　拉林河

溪浪河　三岔河　牡丹江　大石頭河

都林河　黄泥河　以上各河在貢山界內亦有在吉林
烏常所該處界內
蓄養鱘鰉魚渚
諾泉渚在松花江之左係伯都訥該處界內近北建修官房一
所按年派官看守
巴延渚在松花江之右係蒙古扎薩克公該處界內近前建修搭
營一所派官值年看守歷年冬至以前務將進　貢鱘鰉及各色魚
尾俱運此營掛氷後協總管由此將　貢
長安渚在松花江之右係蒙古扎薩克公該處界內近北建有官
房一所派官值年看守

古蹟

城西北隅古有一石名曰星〻石有人摇之則沉不摇則顯其地日漸增高其光儼如皎潔似与星月摛輝矣

城西北二里許旧有哈思呼貝勒古城内外三層其中有巨台廿座高數丈俗呼謂白花点將台下有一橋名曰一步三孔橋〻底有地道北通亂賊有據說單日佳話今於不朽尓

音無其地亦在城外西北隅

哈思呼貝勒城在城西北二里許舊有古城一座内外三層其中有台高數丈相傳此白花点将台也台南下有一橋名為一步三孔橋橋下有池道南北能通龍潭鳳凰二山現今此橋尚存台上東北隅有古樹一株類似榆中有一孔流水如泉洗之能去目疾内城西有養魚池一處傍設釣魚臺内城東南隅有养魚池一處今皆俱廢遺址尚存

接根塔古時塔也在城東北五十里高六丈計下截根攤過半能容人避雨每遇狂風其塔似動然終未見其歪農人望之上如白雲出者天必将雨

半拉鉄頭墓在城北三十里古有一墓相傳白花将官墓也今俱被水所冲舊址俱没

形勝

遠迎長白近繞松花

船艦

烏拉原設捕珠所用大船七隻向在吉林水師營備領又用小艦艇三百九十九隻内有全城協署四十隻恭逢奉 旨捕打之際始行請領現為砍造以便使用

津梁

城南八里哨口舊設官擺渡一處向係總協兩署按年各派官一

員在彼值年經理城南二十五里舊屯設有擺渡一處城西南八里聶斯瑪屯設有擺渡一處城西北十五里打魚樓屯設有擺渡一處東北三十五里四家子屯四十里塔庫屯四十五里佛尔哈通屯五十里溪浪口子屯七十里哈什瑪屯此五屯俱在城東北各設擺渡一處以上九處除哨口均係佐近村屯自行捐造

城西路家屯二十二里舊有大橋一座西北十五里打魚樓屯大橋二座北二十汪旗屯大橋一座三十里石家屯大橋一座六十里張家座子屯大橋一座東北三十五里四家子屯大橋一座八十五里明家橋屯大橋一座九十五里地名關家大橋大橋一座共大橋八座

關郵

金珠站在城東南十五里蘇蘭站距城五十里在東北

祠祀

昭忠在城東門外於　建修

間週圍土築院牆春秋致祭並碑修等事均歸協署經理

土地祠一在城裡關帝廟東院正殿一間　在藥王廟西院內

正殿一間

選舉

烏拉採珠廂白旗顯親王包衣文懋佐領下滿洲趙富隆阿於同治四年入學十三年補廩膳生光緒八年壬午科順天鄉試中式第七十六名舉人

採珠正黃旗五品翼領全　管領下漢軍成爵祿於光緒四年入
姻〃九年補廩膳生十年考取乙酉拔貢
烏拉所屬地面北紅旗屯民人楊誠一於同治甲子科中舉戊辰科
進士現任永平知縣

孝義

思節查明再註

烏拉採珠正白旗現任總管雲　之處女趙玉姑自幼讀書嫻禮賦
質聰穎持躬淑慎平時寡言茲因伊母命婦李氏宿疾纏綿
屢經寒暑該女深明孝義親侍湯藥衣衽不解者數月復
又露地焚香虔誠祝禱願以身代又暗割臂和藥療親不意母
效該女終日侍側眠食俱廢後至泣淚成血竟百勸難回漸廢眠

食積[illegible]

經本署報明蒙部核准年余

同奉天學政奏准

旌表

烈女

烏拉採珠正藍旗生員吳德麟之女婚定與採珠正白旗四品翼

領同 之次子倭克精阿為妻尚未迎娶伊夫因病身故該女聞

訃毀不食絕粒告父母曰吾非奔喪誓不生矣其父

家成服盡禮親殮骨骸悲泣之聲肖

甘心

卷四

哦囉斯分界

一咸豐五年二月二十一日咨報將軍衙門准省文內開本衙門恭摺具
奏為委員會辦哦囉斯分界應備船粮惟吉林雖有粮槳船隻因翹重不能利涉
必須另備合式板船十五隻除協領富尼揚阿上年乘船二隻尚堪粘用現飭
司員添造十三隻每船應需撐役二十名計十五船共需役三百名本城水手
不敷遣用且須留備續運粮物擬由烏拉揀派虛銜委官十四員俸官一員押
同習水牲丁駕船再由吉林三姓各派官兵總司其事等因具奏外相應咨行
烏拉總管衙門即照本衙門具奏揀派俸官一員虛銜官十四員牲丁三百名
先行造具花名清册咨報俟將船隻製備妥協飭調時再行來省啟程毋致貽

悮可也等因准此本衙門當即添委俸官一員壓衙委官十四員誠恐丁多約
束不嚴派委領催十五名帮同約束挑選熟諳船槳牲丁二百八十五名俱已
挑齊造册咨報行文一件

東海防守

一咸豐九年九月十六日准省文内開據將軍景綸具
奏爲俄夷越界先行派員守候並聲明籌辦地方情形惟諒夷欲佔居吉林所屬
之綏芬烏蘇里等處屢請派員會勘其貪求無厭之心若不嚴行拒絕尚復成
何底止第琿春孤懸南面附近沿海軍民無多現擬於打牲烏拉揀派丁壯數
百名偕齊器械口粮於明春變裝前赴綏芬一帶以巡海捕牲爲名借此聲勢
使俄夷無所施其伎倆等情來文一件

一咸豐十年三月二十三日准將軍衙門咨據琿春協領移開據烏拉總管衙門
咨稱揀派委官十五員領催十五名每委官領催各帶丁壯二十名計十五札
蘭分作三起自三月十三日由烏拉啟程第差繁官不敷用請由領催珠軒内

揀派壓衙委官十員以資管帶隨赴吉林廳撥車現在琿春南路海沿摩潤崴地方乃有俄夷船隻臨界琿春尤爲吃緊自應厚集兵力以防不虞暫將三起十五扎蘭協防牲丁出派雲騎尉成貴等帶至琿春南路佛多石珠倫二處一同官兵西丹擇要駐紮來文一件

一咸豐十年十月二十四日准琿春協領移准將軍衙門咨開奉
上諭現在英咈兩國業已陸續退兵俄國使臣復呈出條約十五款即日定期畫押蓋印所有單開之款着抄給景綸等閱看以敦和平永清邊疆等因所有琿春綏芬黑河口等處巡防先行酌撤仍各留官兵生卞以免疎虞即令盛春帶同獵戶由馹旋省並備車輛共用烏拉牲丁衆用迅速折回所有摩潤崴居夷仍由該協密囑巡防官弁兵丁僅予查探不可與較激啟邊釁可也來文一件

楚北防剿

一同治元年正月初七日准省文內開奉

上諭官文奏楚軍自攻克安慶後籌策東征步軍酌量添募惟馬隊傷病過多節次遣撤不下千餘名現在存營馬隊寔形单薄因請酌調馬隊以資征剿打牲烏拉壯丁熟習馬鎗從前出師金川甚為得力軍興以來該處壯丁未經征調若能從征有功即當照向例准入八旗當差諒該壯丁無不踴躍着吉林將軍景綸酌量情形揀挑打牲烏拉壯丁五百名即於官文解到行裝銀兩後派委明幹之員管帶前赴湖北倘不能如數調撥亦着斟酌辦理欽此遵

旨寄信行知前來務須欽遵

諭旨認真挑選技藝嫻熟身材魁梧壯丁五百名造册飛報以憑演練聽候啟程等

因本衙門溯查本署初設原為捕
貢籍以採獵前經出師金川凱撒從蒙
恩准入八旗另設協署衙門管理各專差操在案再查咸豐十年因琿春海防教
練壯丁三百名去歲為防朝陽流匪東窜又添演二百名以資桿衛茲奉
諭旨挑遣壯丁五百名祿權再四思維僅挨熟習鳥鎗丁三百名派往其技藝生殊
丁二百名留防城垣衙署倉庫等因呈報間復於是年五月二十九日准吉林
將軍衙門咨文内開奉
上諭茲據官文奏楚皖各軍雖已肅清江北淮規金陵而楚北上游防守緊要請添
調壯丁等語吉林所調壯丁僅三百名既難自成一軍亦復不敷分撥近年採捕
停止烏拉壯丁不在入伍差操之例者丁口尚多酌調來南向於邉地防務無甚

閔繫著景綸仍於烏拉牲丁內擇其漢仗精壯技藝嫻熟者添調五百名同前挑
壯丁三百名一併選員管帶前赴湖北軍營以利征剿將此由五百里諭令知之欽此遵
旨寄信前來相應呈請飛行照會烏拉總管衙門務須欽遵
諭旨認真挑選倘不能如數挑撥亦即斟酌挑選等因飛咨前來總管因思牲丁例
無操演不諳乘騎隨聲明今昔情形亟應報請吉林將軍代為陳奏蒙
恩准令備挑牲丁三百名教練赴楚等因正擬聲明請項間復奉
諭旨再挑牲丁五百名同前挑三百名一併赴楚等因伏思祿權等世受
皇恩深重亟應勉力圖為第珠差雖停而例
貢不容稍遲每至辦差一切均賴俸餉彌補無如咸豐四年當部覆俸餉每兩改
折市錢二吊是減而愈減差務倍增備辦已形拮据又兼奉省欠領寔銀統共

十二萬餘兩各商終日喊懇求歸前挪因未歸補現已関閉八家若再如數征
調不惟鎗馬無力教練即誤丁家屬必致流離總管再四思維總期
貢物緊要生計攸關合將萬難籌辦緣由呈報憲台衙門垂憐轉奏
聖主飭部找款儘先撥餉並請行令各營嗣後免調牲丁寔為恩德萬代除此次又
揀牲丁二百名餘丁一百名備補丁額聽候啟程外本衙門遵照先後省文調
備牲丁五百名作為一旅之師外另挑西丹一百名是為跟役備補丁額並委
銜官十六員均經湖北委員副都統銜協領喜昌如數揀挑即將觧到整裝銀
兩發給支領外由協領喜昌會同將軍派委營總等官管帶於八月初八日分
起由省全數啟程往赴湖北軍營征剿去訖嗣於同治三年曾奉
諭旨官文奏烏拉丁丹六百名征剿出力着將户口一併永遠歸入吉林各旗册檔

與各旗丁一体補甲充差以示矜恤而昭激勸欽此等因當經林省將軍景綸援
案奏請照征剿金川奉調烏拉牲丁一千名於乾隆元年凱撤後奏明將此項
官兵就近添設烏拉旗營作為勁旅另設協佐等官管理仍歸吉林統轄在案
現任征丁籍居烏拉地方事同一律請將此項征剿得力丁丹六百名援照成
案就近撥入烏拉協領衙門八旗冊檔一体補用充差俾各安集得所等情奏
請奉到
硃批知道了欽此行知前來本衙門當因赴楚丁丹全數在營屢屢奉文亦有頂補
各城披甲以及傷亡病故落後革退至幼丁補甲補丁往有旗分名目舛錯緣
事參差以致躭延未過茲查陸續由營抽撤回籍丁丹一百四十餘名均係歸
伍充差之兵是以於同治六年八月間循道前

旨已將赴楚六百丁丹隻身妻子造具户檔移過本城協領衙門歸伍充差俟陸續補甲仍將丁缺移回本署另放歸額等情移付協署在案

山東征剿

一同治六年六月內准將軍衙門來咨前奉
諭旨招募旗民炮手俻往陝省征調等情當經本衙門招募旗户丁勇六十名造冊
派委管帶送省等情行文在案

一同治六年六月內准統領山東防剿馬隊前任副都統現任協領花哩雅春咨
開本統領督帶山東防剿吉林馬隊擬於六月初八日啟程現在各處官兵俱
已挑送到省惟烏拉壯丁迄未挑齊送省等情當經本衙門即將前曾由省挑
委官丁五十六名造冊派委管帶送交貴統領查收等情行文在案

海山崴駐防

一光緒六年九月十七日准將軍衙門咨開准
欽命鎮守吉林將軍銘安咨開八月十三日奉
上諭喜昌奏請在吉林各旗揀挑精壯丁册等語喜昌在京籌辦軍餉到吉尚需時日請由該省副都統協佐先在各屬旗人內揀其年力精壯之甲兵蘇拉西丹若干名造册點驗令其回家聽調其立營訓練一節着銘安等咨照各城堡並飭各旗預籌辦理等因欽此遵
旨寄信前來照會烏拉總管查照欽遵挑備等情惟查文內未蒙示明備挑若干名呈請示覆等情旋奉省文按照通省應挑數目核計烏拉總管衙門應備精壯丁册一千五百名赶緊挑妥造册呈報等因即於是年十月初十日劄據各旗

翼校等呈稱遵即揀其年力精壯打牲丁一百四十五名西丹六百九十三名
共八百三十八名分晰造册呈遞本衙門按名點驗令其暫行歸家聽候挑驗
外合將備挑丁丹花名造册呈送將軍衙門鑒核施行
一光緒七年八月初七日准將軍衙門咨文内開
欽差督辦吴大澂咨開前據烏拉總管挑送西丹經本督辦挑選六十九名特派六
品頂戴儘先驍騎校英林等持文送塔茲准寗古塔副都統德　咨開本統
帶黙明隨文分撥右路統帶常福領去西丹十九名翼軍統領副將領去西丹
五十名均歸兩軍一律訓練去訖等因照會烏拉總管衙門備查可也

庫倫駐防

一查往赴庫倫丁丹於光緒七年閏七月十八日准將軍衙門兵司移文内開案查前據管帶吉軍靖邊前營營官佐領恩吉等冊報查兩營名哨兵丹奉諭給假歸旗安置家室一俟限滿即行回營共計兵丹一百二十八名統交六品頂戴領催雙成管帶回烏至旗呈報等因移文在案茲復擬將此項兵丹定於八月初間全數啟程赴營自應先期調省點驗相應移付烏拉總管衙門即將前經給假兵丹按名傳齊務於閏七月二十五日以前一准送省歸營勿悮可也

一光緒九年八月二十五日准將軍衙門咨文内開案據管帶吉軍靖邊營官佐領恩吉等茲蒙

欽差庫倫辦事大臣喜昌奏准遣撤回吉現已分起陸續到省惟所管營務兵丹有

因病落後披甲一名西丹十、二名私行逃走一名病故西丹七名其餘如數到齊造册呈報兵司等因前來除將因病落後披甲西丹等另文查催外相應照册抄单照會烏拉總管衙門查照可也

誌典全書

卷五

康熙年緊要事宜
雍正年緊要事宜
乾隆年緊要事宜
嘉慶年緊要事宜
道光年緊要事宜
咸豐年緊要事宜
同治年緊要事宜
光緒年緊要事宜

卷五

康熙年緊要事宜

一康熙三年准鎮守遼東等處將軍烏庫哩等咨開准工部議茲據烏拉掌關防官希特庫翼領額黑等來咨內開三月十三日夜間希特庫家突被囬禄將按年刨割葠數人數並犯人供情及咨行將軍檔案均存柜子內全行燒毁等因查希特庫委非懶惰將檔案被人盜取罪有應得共葠數人丁旗佐等事應亟出派筆帖式前來本衙門抄録携回等因來文一件

一康熙二十年十二月十二日准
盛京刑部咨文內開本大臣等奏查寗古塔將軍遷任吉林以前烏拉遇有擬罪事件均歸

盛京擬辦間隅烏拉七百餘里往返寔覺徒勞現寧古塔將軍已遷任吉林而吉林與烏拉相距七十里之遥請將此等事件仍交吉林將軍辦理以免徒勞之處等因來文一件

一康熙二十四年十二月初四日本衙門查自順治元年以來所有
敕諭告示俱由各部衙門傳出至奉天而將軍始行分傳自康熙十五年寧古塔將軍遷移吉林烏拉以來
敕諭告示並不傳知寧古塔將軍亦不傳出此項究由何署傳知之處咨報奉天將軍衙門查照伏候施行等因報文一件

一康熙三十年三月二十一日咨報都虞司嗣後捕打東珠三旗五旗一律擬請
賞項再捕魚原未接設珠軒佐領管領請將該魚添放珠軒佐領管領照捕珠

三五旗一律辦理等因咨報行文一件

一康熙三十四年正月初十日咨報都虞司查本署原設每十丁放珠軒達一名共放珠軒達二十六名現在人丁蕃盛每珠軒名下打牲丁十三四名不等請再加七珠軒以便經管各丁等因行文一件

一康熙三十七年二月初五日准工部來咨内開查打牲烏拉八旗共丁四百餘名原設筆帖式二員每旗領催一名現因人丁滋生一千九百餘名筆帖式二員領催各一名恐有事故不敷差遣請再加添筆帖式二員五旗每旗再添領催一名等因奏准來文一件

一康熙三十九年二月初四日准工部來咨内開據烏拉總管穆克登咨稱近來人丁蕃盛加以發到遣犯共計二千餘名所有捕務一切統歸二十七名領催

經管因無頂戴難期彈壓請由此二十七名領催內放領催達七名每名作爲
七品頂戴如果差務奮勉者該總管保送引
見以驍騎校陞用等因奏准來文一件
一康熙四十一年十二月二十日准都虞司來咨內開烏拉總管衙門自此每珠
軒請添鋪副二名仍食打牲丁餉銀等因奏准來文一件
一康熙四十九年正月二十八日准都虞司來咨內開由忠親王名下撤出牲丁
撥給十二貝子十三阿哥名下原每貝子撥打牲丁八名每阿哥原撥打牲丁
五名等因具奏奉
旨每阿哥亦給牲丁八名下虧丁三名共短丁三十九名應撥此丁或滿或漢速即
造報到司以憑核奏等因來文一件

雍正　年緊要事宜

一雍正元年八月十八日准都虞司來咨内開為將果親王等王分撥牲丁逐一分
晰迅速造報立待核奏等因來文一件
一雍正三年三月二十二日准都虞司來咨内開查打牲烏拉原設筆帖式四員
委因近年差繁不敷遣用請再加 添筆帖式三員由該總管衙門自行揀放等
因奏准來文一件
一雍正九年四月初一日准都虞司咨文内開據内務府大臣等奏由内閣抄出
署理烏拉總管事務郎中富德值年侍衛多柱等
奏據筆帖式札克薩等懇稱
盛京吉林烏拉筆帖式等已蒙

聖恩賞給俸米戕等仰懇仿照吉林烏拉之例按照所食俸餉請領俸米等因懇稱
前來查烏拉總管衙門食俸之八品監生筆帖式一員食餉之筆帖式六員均
無俸米請照
盛京吉林烏拉之例每員按每銀一兩領米一斛由本處倉儲谷内以米折谷核
發年終咨報内務府核銷等因奉
旨着總管内務府議奏臣等查雍正七年奉
上諭查奉天筆帖式等官僅有俸銀委無俸米着賞給俸米交部議奏欽此遵查都
京筆帖式所領俸米均係稻米奉天倉存俱係谷米應咨行
盛京户部三將軍由倉存谷内給領等因雖經議准乃奉特
旨兹着議奏應請准照

盛京吉林烏拉之例每員每年隨所食俸餉每銀一兩給米一斛自本年秋季起
由該處倉儲谷內每一斛米折倉谷二斛関領每至年終呈報本府衙門核銷
等因具奏奉
旨依議欽此
一雍正十三年十一月初一日准都虞司咨文內開王大臣等
奏為京內各殿部院及京外熱河等處需員甚多請
旨將各外省衙門京員等酌量裁撤稍數差派等因將本署值年
乾清門侍衛從此撤去等情奉
旨依議欽此來文一件

乾隆年緊要事宜

一乾隆元年三月十五日准都虞司來咨內開總辦事務王大臣等具奏嗣後凡
封親王者均行分撥外城居住不準在內城等因奏准來文一件

一乾隆十一年九月初十日為本署遵照乾隆九年侍郎兆惠
奏定條例書籍行文各刑命衙門備文請領等因本署當即備文由部請領律例書
籍並聲明請立仟作等情行文一件

一乾隆十五年八月二十七日為查咨覆事茲准都虞司咨開准禮部咨開儀制
司案呈准鑄印局移准繙譯房咨查管理烏拉刨挖差使關防係何品級或文
職武職再係何等官員掌管勤辦之處逐一分晰查明經送管理司以憑轉行
擬篆等因由總管內務府咨查前來查本處掌管烏拉採捕關防總管綏啥那

係屬三品武職任司八旗採捕牲丁應當各項採捕差徭凡行各部院衙門等
項文件皆鈐用此關防外别無另有印憑之處咨覆總管内務府管理司查照
轉行辦理等情行文一件
一乾隆十六年七月初八日准都虞司來咨内開由内閣抄出擴護軍統領衙總
管巴格
奏稱查烏拉週圍均屬旗民揉居仍由該處出派驍騎校筆帖式領催内揀其優
幹者分界巡查並着吉林將軍不時嚴查等因奏准來文一件
一乾隆十七年二月二十八日准都虞司清文内開准内務府議
奏打牲烏拉總管巴格
奏窮查烏拉屬界連被水災致將房地冲成溝壕雖蒙

恩優賞而該官丁等以形拮据再查有牛具者尚可耕種而無牛具者皆由鋪商
告借銀錢置買耕牛月利甚重是以仰懇
天恩請由內庫賞借銀二萬兩每月每兩作息一分散給八旗窮苦官丁仍俟發放
俸餉時照本扣回利銀作為
恩賞如官員喜事照例給銀八兩白事給銀十六兩筆帖式領催喜事給銀五兩
白事十兩珠軒達鋪副喜事給銀四兩白事八兩打牲丁等喜事給銀三兩白
事給銀六兩永作
恩賞銀兩如蒙
聖主淪恩下逮請賞借銀二萬兩除放之外積至一千兩即抵交內庫作本仍將一年
滋生利銀給與紅白

恩賞各數目每於年終查明造册呈報内務府查照可也來文一件

一乾隆十八年三月十七日准吉林將軍衙門來咨内開准總管内務府會奏打牲烏拉採蜜牲丁照捕珠之丁按年每丁一律支給餉銀六兩等因奏准來文一件

一乾隆十八年四月十一日本衙門咨報為請領關防事茲准貴司咨開准禮部咨開清釐司案呈准鑄印局移開茲將管理打牲事務關防一顆現已造成相應移付儀制司轉知總管内務府出具文領派員赴部請領其舊關防以俟新關防領到開用後遵照本部原奏仍將舊關防照例鐫字咨送本部儀制司查照繳銷可也等因前來本衙門出具文領遣派驍騎校賫寶往赴禮部請領至日希望貴都虞司轉行禮部希將新關防發交驍騎校賫寶領到開用後仍將舊關防封固藉有差便呈送禮部繳銷可也等因行文一件

一乾隆十八年六月二十日咨報都虞司於六月初八日本衙門派員由禮部領到改造管理打牲烏拉關防一顆即於是日開用合將舊關防一顆繳交筆帖式金奇希雅那呈送禮部繳銷之處等因行文一件

一乾隆二十四年四月初八日准兵部清文内開總管内務府奏定此後發往烏拉等處人犯有無脱逃之處按年年終咨報本府以憑查辦等因來文一件

一乾隆二十六年四月二十二日准都虞司清文内開署江西巡撫常俊奏定此後凡各省所奏事件封筒務須鈐用本任印信等因來文一件

一乾隆二十七年三月十七日准都虞司清文内開合將漢文摺奏抄单咨行兵刑部議奏嚴禁兵丁私行買賣弓箭鎗刀等械及禁止典當軍器等因明定律例奉
旨依議欽此來文一件

一乾隆三十四年四月初六日准都虞司來咨内開爲烏拉牲丁三輩户口檔案三年派京員會同總管點查一次其捕打東珠之珠軒永作六十五珠軒此外不准加添等因奏准來文一件

一乾隆三十六年七月十九日准總管内務府謹

奏由軍機處抄出打牲烏拉總管索柱

奏本衙門應用紙硃筆墨原有兩京户工部請領嗣據大學士殷吉山等奏准各處由部請領紙硃概行停止惟因生齒日衆公務增劇各公所應需心紅等項即由努處總管等官員俸餉内按年湊資銀一百四五十兩備資心紅公費是以努擬請在本處街市添設牲畜税斗税特派員役分局收輸税銀備抵心紅資需有餘充餉等因據情

奏請奉
旨勅交内務府大臣議奏欽此欽遵當蒙議覆臣等查烏拉總管所奏情節理宜如
奏擬辦但烏拉尚不抵吉林所屬一隅係内僕之區其街面商賈不過貿易五
常非比省會人烟輻輳市廛興騰如立税輸銀事必繁雜難保不無不肖員役
藉端苛求需索地面朘削旗民寔於生計有碍所奏添税臣等詳查碍難議准
其烏拉與吉林相距咫尺所屬一區需用紙硃等項銀兩應由吉林將軍需費
内從儉酌核撥給等情是否之處伏候
命下即行知該將軍總管照辦遵行謹
奏奉
旨依議欽此來文一件

一乾隆三十九年十二月十二日准戶部清文內開合將漢文摺奏抄单咨行兵部據都統安泰奏請嗣後各處大臣官員等由驛遞奏事件俱令出具鈐印隨咨交賫奏員弁同奏摺均交奏事官查明轉奏而免不肖之徒指稱其處大臣名姓假托差員混行呈遞是慎重稽查之意應如該都統所奏奉

旨依議欽此咨行各衙門遵照可也來文一件

一乾隆四十一年二月二十三日准將軍衙門清文內開准兵部咨開各省大臣等三年任滿奏請

陛見如奉

旨勿庸來見准下年再行另摺奏請欽此來文一件

一乾隆四十三年五月初六日准兵部咨開內閣抄出吉林將軍富康安

奏打牲烏拉地方出派採取東珠之兵丁遇此丁之年就近由吉林將軍查辦等

因具奏奉

旨知道了欽此來文一件

一乾隆五十一年五月十一日准都虞司清文内開打牲烏拉除應

進東珠鱘鰉魚差歸吉林將軍兼辦外其餘各項

貢差事宜仍歸該總管自行辦理以免繁牘等情來文一件

一乾隆五十三年五月十一日奉

上諭據穆和藺奏特參佐領閔保隨委驗看該佐領二目朦瞖不能視物且年已衰

老並無別項勞蹟應行照例勒令休致何致參處此係穆和藺不諳事理殊屬非

是着傳旨申飭嗣後各 該處將軍參贊等如遇所屬人員有貽悞地方 公事舞獘

犯科者自應據寔叅奏若僅係年老力衰患病不能供職者照例勒令休致不得應用特叅字樣等諭欽此來文一件

一乾隆五十六年十二月准總管内務府清文内開為打牲烏拉五官屯充當仵作差使之子孫如果差使奮勉人才俊異者着准當差以餉官陞用等情來文一件

一乾隆五十八年三月二十四日准將軍衙門清文内開内閣抄出奉

上諭凡年班來京陛見之員勿庸太早俟封篆後再行由任啟程來京朝見等情來文一件

一乾隆五十九年十一月初一日准將軍衙門清文内開欽奉

上諭凡外省副都統總管等三年任滿年班即行入朝朝覲勿庸預先奏請多繁案牘將此通諭知之等情來文一件

一乾隆六十年五月二十一日准將軍衙門清文内開准兵部咨開凡年班入朝
召見官員將交印啟程及由京回任日期先行報部以憑查核等情來文一件

嘉慶年緊要事宜

一嘉慶四年三月二十九日准戶部咨開為欽奉
上諭飭奏查奏叅和珅欺君大逆二十条款等情來文一件
一嘉慶四年十月初十日准禮部咨開儀制司案呈現在恭纂
實録所有乾隆元年以來
旌表過八旗及各直省孝子順孫義夫節烈婦女壽民壽婦一産三男並題准入及
名宦鄉賢祀各姓名均須按年增入咨行該總管即將乾隆元年起至乾隆六
十年上所有題准
旌表之孝子順孫義夫節烈婦女壽民壽婦一産三男並入及名宦鄉賢祀各姓名
逐一詳細查明造冊送部轉送纂輯來文一件

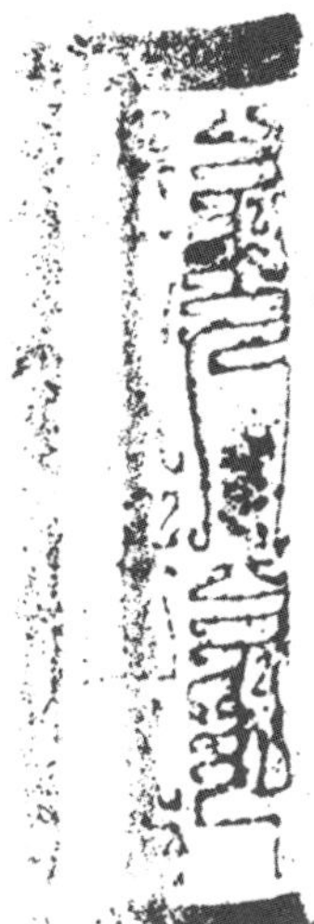

一嘉慶四年十二月二十一日准軍機大臣會議得議准嗣後駐防省分凡遇歲
　科兩試如有情愿赴考准其就近考試俟取進後再聽其赴京鄉試查照人數
　多寡酌定學額一切章程交禮部酌核辦理於嘉慶四年八月十八日具奏奉
旨依議欽此來文一件
一嘉慶四年十二月二十一日准吉林將軍衙門咨開刑司案呈准
盛京刑部咨開准湖廣等司內閣抄出成親王永　等謹
奏爲直隸各督撫嚴飭所屬嗣後一切刑具皆用官定尺寸頒發印烙如有創設
　刑具非法濫用者即行嚴參治罪又遵
旨會同嚴審定擬具奏事竊臣等欽奉
諭旨將洪亮吉所陳各條逐一研訊將洪亮吉親筆供單恭呈

御覽奉
旨洪亮吉着革職交軍機大臣會同刑部嚴審定擬具奏欽此
一嘉慶七年七月十一日准吉林理事廳移開七月初二日蒙將軍衙門飭交准
吏部咨開考功司案呈本部着擬章程為造報各項錢粮文册遲延違限罰革
條例來文一件
一嘉慶七年七月十三日來咨奉
上諭前蒙
上皇高宗純皇帝特降諭旨令軍機大臣會同兵部將國初以來殉節諸臣未經得受世
職者查明各省應行補給恩騎尉世職人員來文一件
一嘉慶七年八月初五日據吉林理事廳移開七月二十八日蒙將軍衙門飭交

准户部咨開准湖廣司傳付内稱先經吏部議覆署湖南粮道張映漢條奏一摺為查向來各省州縣交代從中監交遇有不肖之員倉庫有虧每將谷石揑為民欠來文一件

一嘉慶七年八月十九日准将軍衙門來咨准户部奉
上諭嗣後各省滿漢大員赴都召見雖無定限亦應三二日内請訓剋即出京抵赴本任不准沿途躭延時日有曠職守将此諭令一体知之欽此來文一件

一嘉慶七年九月十五日准将軍衙門來咨准户部咨開嗣後留京防守及調赴外省将軍都統副都統以下人員即照軍營帶兵出征例以奉
旨日起准照新任支領養廉銀兩将此通行知之欽此來文一件

一嘉慶八年閏二月二十八日准将軍衙門咨文内開前遵禮部來咨嘉慶五年

七月十八日奉

上諭陝甘學政松舒奏寧夏梁州兩處應試旗童旗射國語多係生疎夫國語騎射乃為滿洲根本理宜勤加嫻熟方合体制將此着各省將軍副都統嗣後將各該管旗童等隨時盡心嚴考務期騎射熟習自教習之後倘再仍前並不盡心熟學者不但從此停止漢文考試並將該管將軍副都統從重叅辦欽此欽遵前來應亟嚴飭各該管旗佐一体遵行可也來文一件

一嘉慶八年五月二十日准軍機大臣議奏清查內外文武各員應追分賠攤賠及工程核減等項銀兩前經　臣部清查未完各款題奏奉

旨准限及咨部立限由俸銀內按季坐扣仍按原限催交合併聲明謹奏請

旨

一嘉慶八年五月二十三日准將軍衙門清文内開奉
上諭玆兵部帶領引見之由營遣撤寗古塔雲騎尉防禦色克金保所奏履歷竟非
清語着交軍機處詢問覆奏據供平日係在屯耕田農夫多係漢人因此將清語
廢馳等供查色克金保現在為官身擔管教在下兵丁之任歲在冲幼將此交秀
林務將色克金保耳提面命熟教清語東三省係本朝根本重地騎射乃兵之精
鋭且吉林烏拉寗古塔等處皆係滿洲竟有不通清文如此習以為常並不講求
此風日漸下流若不整頓將何所底止將此行令
盛京吉林烏拉黑龍江將軍嚴飭各該管地方官丁等各於騎射及一切兵刃技
能勤加演練務期清語嫻熟萬不准踈忽舊例等諭欽此遵將
上諭另録咨行

盛京吉林黑龍江將軍知照外暨咨行打牲烏拉知照可也來文一件

一嘉慶九年正月十七日准都虞司咨開嘉慶八年十月初七日由内閣抄出軍

機大臣面奉

諭旨現届萬壽節内所有内外各衙門呈遞奏摺或用黄摺或竟用白摺殊覺參差

嗣後每届萬壽及年節内應穿綵服之期内外文武各衙門如遇奏事則用黄面

白摺其慶祝及謝恩等事則用紅裏黄摺以昭画一欽此欽遵來文一件

一嘉慶十一年九月十六日爲由部領來大小平各一分砝碼各一分委因年久

字跡不真將舊平砝備文隨送珠差之便送至工部從新領頒行文一件

一嘉慶十二年二月初二日准都京工部來咨據烏拉總管衙門報稱所用天秤

砝碼前於乾隆二十一年由大部領取今已經用五十一年砝碼糢糊損壞兩

數輕重微差不符應請改製當即呈
進珠差之便將原領一千兩重天平一分砝碼三件一百兩重天平一分砝碼二十八件飭交差員賫交另製當經部准將舊天平砝碼等件如數查收貯庫工部飭役從新製造會合戶部較準仍飭該差員出具甘結領請到署等情來文一件

一嘉慶十五年十月初三日咨報都虞司內開本署額設珠軒頭目數目查本衙門採捕東珠松子蜂蜜左右翼八旗上三旗額設珠軒頭目五十九名內廂黃旗分設珠軒頭目二十名正黃旗分設珠軒頭目二十名正白旗分設珠軒頭目十九名下五旗王公貝勒包衣額設採捕東珠珠軒頭目三十五名內正紅旗分設珠軒頭目七名廂白旗分設珠軒頭目九名廂紅旗分設珠軒頭目五名正藍旗分設珠軒頭目十名廂藍旗分設珠軒頭目四名捕打

進上鱘鰉魚及各色魚尾左右翼八旗上三旗額設珠軒頭目六名內廂黃旗分設珠軒頭目二名正黃旗分設珠軒頭目二名正白旗分設珠軒頭目二名下五旗額設珠軒頭目十名內正紅旗分設珠軒頭目二名廂白旗分設珠軒頭目二名廂紅旗分設珠軒頭目二名正藍旗分設珠軒頭目二名廂藍旗分設珠軒頭目二名

以上共有額設珠軒頭目一百十名每名每月食餉銀二兩係約東打牲丁及帶領採捕東珠松子蜂蜜捕打鱘鰉等魚之人並非職官

分管珠軒頭目官員數目

採捕東珠松子蜂蜜八旗每旗額設驍騎校一員八旗共八員左翼委署翼領一員右翼委署翼領一員分管捕打鱘鰉等魚八旗左翼額設驍騎校一員委署翼領一員右翼額設驍騎校一員委署翼領一員補放此項官員係總管會同吉林將軍揀選由總管衙門呈送內務府帶領引

見其珠軒頭目之缺係管理打牲烏拉總管一員翼領二員公同揀選補放

一嘉慶二十三年四月二十七日准都虞司文稱嗣後奉

旨記名人員一年內共補放若干員名按年務於十一月二十日以前報部以憑彙

奏偹核等因一件

一嘉慶二十三年七月初二日册報康熙四十二年因患水災於四十四年經總管穆克登具

奏請將在舊街東向陽高埠之地設立衙署週圍土築城墻等情移付吉林將軍衙門兵司移文一件

道光年緊要事宜

一道光十二年四月初十日准都虞司咨文内開由内閣抄出奉

上諭向來

盛京五部侍郎及各省將軍都統副都統城守尉總管等有年班輪替進京之例嗣後着自到任之日起扣滿三年奏請陛見俱毋庸年班進京等情來文一件

一道光十二年十二月初六日准吉林將軍衙門來咨准户部咨開廣東司案呈查道光元年八旗都統會奏章程内稱旗人承繼應復舊例於乾隆五十三年刑部續纂律例議以乞養異姓奏請删除臣等伏思但拘異姓亂宗之例本宗有人而繼異姓為之亂宗若本家寔在無人並未議及作何辦理遽然更章不足以順人情其或年老無子夫故無依本族寔無昭穆相當之人困苦難堪

獨無告亟圖祀續不敢明言遂致急不暇擇將户下家奴民間子弟私行抱養
犯法雖屬宜懲而究其苦情寔爲可憫今若改復舊例准繼異姓親屬既爲親
屬必其平日親愛之人不惟暮年有靠血食可延而且准其明繼轉可不致私
繼惟以旗人繼旗人轉可不致繼民人律例仍復其舊人情可得安所等因奏奉
硃批所議俱妥不必交部議覆另降
諭旨欽此欽遵其異姓之例仍復舊制總以本宗無人方准請繼若本宗有人異姓
仍不准其亂宗等情來文一件
一道光十六年五月内准工部咨開虞衡司案呈前據打牲烏拉總管咨稱所用
砝碼奉部頒發僅自一分起至五百兩止正砝一副並無副砝等語應照例添
鑄副砝一副計三十一件本部當即移付值年之員如式鑄造現已報稱完竣

相應移咨打牲烏拉總管備具部科文批及砝碼廠銀二十四兩迅即派員赴部請領並將委員銜名及起程日期先行報部備查等因當經本署據情今春出派捕珠差官二十餘員現在無員可委以俟珠差旋竣再行派員赴部請領嗣於道光十七年九月内派委署驍騎校瑪金保執持文領赴都請領並請轉咨兵部給驛馬駝運等情行文一件

一道光十九年四月十三日准將軍衙門來咨案查本衙門原設食俸大小官員履歷務期按年依限造册咨報來省以憑報部等情來文一件

咸豐年緊要事宜

一咸豐元年六月二十一日准將軍衙門咨開爲遵
旨編查保甲整頓捕務力復舊章行令各處按户清查塡寫户口但烏拉衙門向無
辦過門牌式樣碍難辦理飭派筆帖式阿克當阿前赴將軍衙門抄録以憑照
式刊刻按户懸掛來文一件

一咸豐三年四月初一日准將軍衙門咨文内開内閣抄出奉
旨烏拉總管花凌阿奏交捐輸銀八百兩即着賞收議叙惟四品翼長花良阿捐銀
一百兩不足議叙其總管花凌阿捐銀五百兩給予加一級四品翼長禄權捐
銀二百兩給予紀録二次等因奉
旨依議欽此來文一件

一咸豐三年六月十五日准吉林將軍衙門來咨內稱查烏拉總管翼領捐輸助餉銀八百兩飭令筆帖式松山等觧送來省如數兑收報部歸款等因來文一件

一咸豐三年八月初九日准戶部咨開奉

上諭各省三品以上職任官員應領養廉銀減扣二成以資濟籌庫款等因來文一件

一咸豐三年八月二十一日准吉林將軍衙門來咨內開准戶部咨開應徵涼水泉租錢自道光二十九年歸該衙門自行經徵外其二十九三十兩年所收小租錢文自應遵照奏案劃出報部充餉何得擅行支給等因應亟咨行烏拉總管衙門將小租錢文迅速觧省立待抵餉等因來文一件

一咸豐四年三月初一日准將軍衙門咨文內開內閣抄出奉

上諭沈兆林奏請飭各屬團練保衛城池嗣經吉林將軍指明烏拉城池亦應揀丁

團練護衛地面當經本衙門聲情因鹽糧資費無項備辦准由凉水泉大租錢
内撙節動支等因來文一件

一咸豐四年七月十一日准將軍衙門咨文内開准兵部咨稱本部具
奏所有應行公文飭交提塘遞送難免不無遲延且軍興以來所有各衙門軍務
遇有緊急文件務須分別添註馬上飛遞限行里數字樣以憑交驛轉遞不致
貽悮等因來文一件

一咸豐四年十一月初五日 准總管内務府文開准
御前軍機大臣口傳據陝西道監查御史宗室英華奏准近來引
見人員多有不帶對子荷包手巾等件有失体統着嗣後無論文武各官一律佩帶
不准廢弛等因來文一件

一咸豐五年十月十九日 准將軍衙門咨開刑司案呈茲據烏拉總管咨稱嗣後凡有應科罪名不至流徒案件可否仿照各副都統衙門章程經行審辦之處等因查該總管咨請係爲体歸一制起見應如所請擬辦可也等因來文一件

一咸豐七年六月二十七日 准將軍衙門咨開案查前因軍務浩繁籌餉維艱擬將通省出産例無納稅者查有三十五色照依時價酌擬抽課設局試收合將應收稅務各色減價抄单曉諭來文一件

同治年緊要事宜

一同治元年二月初七日准内務府咨開都虞司案呈准兵部咨稱咸豐十一年十月初三日内閣交出兵部議政軍機大臣面奉

諭旨嗣後京外各衙門遇有清字奏事摺件均用滿漢合璧式樣欽此相應傳知兵部迅即轉傳京外各衙門並各旗營及各路統兵大臣一体欽遵辦理可也等因來文一件

一同治六年八月初六日准將軍衙門咨開刑司案呈竊因通行曉諭嚴禁堵塲烟館定照新章其窩賭及開設烟館之處即將房屋入官仍治以應得之罪旗人有犯銷除旗檔照民人一律辦理等情曉諭來文一件

一同治九年正月初一日准將軍衙門咨文内開户部議覆吉林將軍富明阿

奏孤寡旗人懇請照黑龍江成案暫給倉粮俾資養贍一摺臣等查例載
盛京吉林八旗兵丁內鰥寡孤獨人等每名月支養贍銀一兩等語茲據吉林將
軍奏稱吉林僅有賞給阿勒楚喀拉林京旗孤寡每月養贍銀五錢按年支給
其餘各處並未照例辦理近值軍興節次奉調征兵既多所有在營陣亡傷故
兵丁又未查給家嗣半餉銀米寡妻孤子情堪憫惻因請援照黑龍江孤寡旗
人之例每名月支倉粮四斗按照吉林省現報糧價計之不過核銀數錢與例
載每名月支養贍銀一兩數目尚屬有減無增應請准如所奏將吉林鰥寡孤
獨人等每名每月給與倉粮四斗俾資養贍以廣
皇仁而示優恤等因來文一件
一同治十年十一月初三日准將軍衙門咨開准工部文開內閣抄出御史澄慶

林奏奉

諭旨查各直省督撫將軍鹽政官差道庫等處應用斗斛官秤丈地弓尺天平砝碼等項行用年久必有折損輕重不一自應遵照定例查明報部照例製造並應領委員赴部較對準確再行頒請等因本衙門當即請領查所用斗秤丈地弓尺俱照省城定式惟公倉收放穀石用斛二支係康熙年間遵奉部文以信斗改斛由

盛京户部請領其關領餉銀應需天平砝碼等項於乾隆年間由工部請領於道光十八年遵奉部文添製副砝碼一付一分至五百兩止大小三十一件委因頒領年久參差不符理宜聲明頒領等情咨報將軍衙門行文一件

新頒砝碼粘單

一千兩平一分
五百兩砝碼一件
三百兩砝碼一件
二百兩砝碼一件

一十兩平一分
一百兩砝碼一件
五百兩砝碼一件
三百兩砝碼一件

二百兩砝碼一件
十兩至一兩砝碼六件
九錢至一錢砝碼九件
九分至一分砝碼九件

一查自康熙初年起接准寧古塔將軍衙門來文均係咨行係總管希特庫任内
一於乾隆八年四月三十日接准寧古塔將軍巴凌阿來文本衙門改為劄行係總管穆朱祜任内
一於嘉慶二年九月二十一日復經吉林將軍秀林來咨改為咨行係總管吉祿任内
一咸豐五年二月二十二日接准吉林將軍景綸來文改為照會係總管祿權任内
一同治五年十月二十七日接准吉林將軍富明阿來文改為劄行係總管巴揚阿任内

一同治十三年正月十七日接准吉林將軍奕榕文開査烏拉雙城堡總管內係
專閫大員嗣後本衙門應行各該處劄文均着改為照會字樣其各該總管報
省文件亦即改為咨呈以符舊制相應備文移付兵司遵照轉飭烏拉總管遵
照來文一件

一同治十三年十一月二十九日准總管內務府咨開由堂抄出同治十三年十
一月初九日由奏事處抄出
御前大臣面奉
諭旨嗣後各部院衙門凡遇呈遞清字摺件均着繕寫滿漢合璧欽此等因抄出相
應劄仰烏拉總管遵照可也來文一件

光緒年緊要事宜

一光緒二年四月初一日　准將軍衙門咨准

欽差刑部尚書署

盛京將軍崇　咨開照得本部堂具奏奉天變通吏治章程摺稱

盛京將軍一缺改為管理兵刑兩部兼管奉天府府尹事務所有刑部及奉天府旗民一切案件悉歸總理俾資整頓另頒總督奉天旗民地方軍務關防一顆並加兼理糧餉以便管理金銀庫印鑰之處並請將奉天府府尹一缺加二品銜以右副都御史行巡撫事旗民各務悉歸專理並變通州縣各官以資治理

來文一件

一光緒三年十月二十六日　准將軍衙門咨文內開前准戶部咨駁吉林奏請添

設煤窰四座查咸豐年間將軍固　奏聞二座尚未核准復准前任將軍景綸
查明邊外地曠一旦開採煤窰易於聚匪致滋流弊奏請封禁在案今若增設
開採之始必多聚集丁夫其間良莠不齊既慮難週今吉林地方伏莽尚未淨
絶思患預防較之昔年尤當加意所請增設煤窰應飭該將軍一律封閉如有
私挖一經發覺即行懲辦等因奏駁咨行前來當經擬定稽查章程責令各該
管地方官務於秋冬兩季實力稽查一有私挖即獲解省究治等因在案現屆
冬初正值煤窰興工之際應即派員帶領兵役分往屬界會同各該管地方官
實力巡查一有偷挖者務將煤觔傢俱等物封禁交該地方人妥為看守將奸
商賣煤賬目及山主嘎善達鄉地一併拘獲解案其煤窰関係風水廬墓故定
有不准越界之條其舊有煤窰三座如有越界私挖即將商人解省究辦並取

看煤之人不准短少甘結一併稟明毋得扶同徇隱得賄踈縱致干究戾等情

來文一件

一查本署公用銀一百四十兩由省庫関領自咸豐四年起省庫發給鈔票七十兩每兩折給現銀二錢五分其應領現銀七十兩按照八成發給核計按年僅領銀七十三兩五錢惟近年公務冗繁加以銀價抵徵寔不敷公用等情咨報於光緒三年十月二十五日准將軍衙門咨准戶部咨開查吉林等處衙署公用銀兩節據該將軍聲請免搭一半票銀按八折寔銀支給既據聲稱辦公不敷應如所咨辦理至該省一切搭票放項均不得援以為例以示限制仍將用過細數造冊題銷相應咨覆吉林將軍轉飭遵照辦理等因在案嗣於是年十二月十四日復准將軍衙門咨據烏拉總管衙門咨稱查本衙門按年應領衙

署公用銀一百四十兩前於本奉部文以先照依銀票各半搭折核計須得公用寔銀七十三兩五錢茲奉奏准一律均按八成寔銀支給等因本衙門自應遵照補領公用銀三十八兩呈請飭發等因詳核折減數目相符仍應找領寔銀三十八兩如數由本衙門庫存税銀項下提出飭交承領俟接收到日咨覆備查可也

一光緒四年九月初八日准將軍衙門咨文内開查前據户司掌關防等官稟稱窃戢等遵奉憲諭飭將本省應徵各鋪日厘捐項設法變通及收厘捐照依各舖責錢之數由買主名下每吊增捐一厘當經該商等公同核議情愿停止日捐改收厘捐均歸該商等經行註賬增攤捐項以備接濟餉需等因當奉憲批查日厘捐一項昔年奏設原為抵充餉需嗣因鋪户閉閉者多甫該鋪商亦均

深明大義情愿變通辦理停止日捐另抽貨捐自應准照所請分飭各城廳一
体照辦仍候各城報齊彙核具
奏等諭飭交到司遵將各省屬內外村鎮各行舖戶權擬變通抽收日捐改收厘
捐各緣由刊刷告示分發各處一体張貼曉諭遵行等因來文一件
一光緒五年十月十四日准將軍衙門咨文內開據委員道衔分省補用知府余
沛恩稟稱竊卑府當蒙憲劄諭令前往各城廳集鎮會同該地方官將斗支化
私爲官抽收稅課各就地方情形妥爲籌辦等因奉此卑府遵即馳抵烏拉街
會同總管邀集商民鄉地人等諄諄開導妥爲籌辦茲據該商民鄉地等聲稱
現值軍憲治亂之際正宜小民急公之時奈因烏拉街向無官斗官秤又兼近
歲收成歉薄粮價昂貴買賣粮石無多僅將光緒四年正月初一日起至年底

止每家所買各色粗細糧石按照三等開繕清单公同呈明情愿仿照省城籌辦斗秤各等情稟覆前來查該處大小舖户所呈上年買糧单張粗糧俱多細糧所買無幾分別核算統計一萬石有奇是以按照粗糧每斗市錢一十文細糧每斗二十文小麥三十文由買主名下抽收核計每年以市錢一千吊作為定額並賣主名下抽收二文以作斗夫工食之用並酌立官斗四隻烙印火號亦歸該公議會催人經量並在財神廟前設立糧市各緣由稟請查核等因當奉憲批查烏拉街買賣糧石應抽斗稅即據該守查明援照分別粗細小麥三項以一十二十三十文按斗抽取各商民均願遵依自應准照所請惟年景之豐歉靡常斯糧食之多寡不等未便以每年一萬石抽收斗稅錢一千吊作為定額應由該總管轉飭經手鄉約等認真抽取儘收儘解毋稍隱漏以濟餉需

等諭照會打牲烏拉總管衙門即行出示曉諭一體遵照可也等因來文一件

一光緒七年四月二十三日准

欽差督辦寧古塔等處事務吳大澂咨開竊本督辦於光緒七年四月初八日奉

上諭吉林之三姓寧古塔琿春等處防務尤關緊要該將軍駐紮省城相距窵遠恐

難兼顧所有防務即着責成吳大澂督辦並將各該處屯墾事宜妥為籌辦等因

欽此當即遵

旨換刻木質關防一顆即於四月十八日開用除將換用關防日期恭摺

奏報等情來文一件

一光緒七年五月初七日准將軍衙門戶司移稱各處應交斗稅錢文分為春秋

二季呈交惟查烏拉街市每年應抽斗稅錢一千吊汲齊送省以濟餉需等因

茲據查街處翼校等報稱據鄉約劉振等懇稱窮因五年十月間奉准將軍委員前來本街設立官斗四隻按年包納斗税錢一千吊整作為定額惟量斗工人十一名核計工費錢一年必需五百餘吊商等會議懇請裁撤斗工以節虛糜而免受累等情懇稱前來職等未敢擅便理宜呈請衙門核奪等情本衙門惟查所抽斗税前係省員定擬未便將斗夫擅裁以歸包納等情相應備文報明將軍鑒核示覆遵行復於是年六月初六日准將軍衙門咨文内開案據烏拉總管衙門報稱惟經理抽收斗税工人糜費過重請由衆粮商自行經收裁去斗工以免受累等因當奉憲批准照該商等所請辦理以免受累而恤商艱等諭照會烏拉總管衙門遵照嚴飭該商等妥為經辦可也嗣於八年十月初六日准將軍衙門咨文内開惟查斗税一項現遵奏案全行移交吉林分巡道衙

門經管嗣後各該處徵交斗稅錢文等項均歸吉林道署除移知吉林道知照
外相應照會烏拉總管衙門查照等因案查應交春季斗稅錢文業已送省呈
交戶司查收訖茲奉省文嗣後本街按年斗稅劄飭查街處員弁等轉飭鄉約
鋪商等自行應期送省呈交道衙門查收之處合併報明將軍衙門查核行文一件

一光緒七年七月二十二日准將軍銘安咨開奏稱吉林地方積弊甚深亟應力
圖整頓量為變通若不添設道府州縣不足以講求吏治除省城應否添設巡
道及吉林廳改為府治長春廳改為同知一切未盡事宜率尚在隨時體查情
形悉心籌畫妥議具
奏請將阿勒楚喀葦子溝地方添設賓州廳撫民同知一員歡喜嶺地方添設五
長廳撫民同知一員阿克敦城地方添設敦化縣知縣一員並添設縣丞經歷

巡檢教諭訓導等官以資治理而裨地方來文一件

打牲烏拉總管奴才雲　跪

奏為署吉林將軍副都統、王亮因病出缺，奴才距省較近，不敢拘泥，謹此恭摺由驛陳

奏仰祈

聖鑒事：竊因署吉林將軍王亮于七月初四日巳刻因病出缺，其前

奏調阿勒楚喀副都統富和來省襄辦旗務，尚未到省，所遺印信交署堂主事喜

成包封入庫等情。奴才遽聞之下，不勝惶悚。第思將軍鎮攝通省，關係匪輕，吉林

雖有分巡道協佐等員，向格

奏案，若待富和到任，未便遲延時日。是以烏拉距城六十里，奴才易致漠視，度外置

之不聞。不揣冒昧，惟有據情恭摺由驛四百里代

奏伏乞

聖鑒為此謹

奏等因查此摺件於光緒九年七月初五日戌刻恭摺馳驛由四百里具

奏拜發借用吉林將軍衙門排単滾単鈐用本署印信於初七日巳刻由省交站至

十六日午刻

軍機大臣奉

旨知道了訂封由兵部火票飭驛至二十五日卯刻到烏跪接折閱惟事関緊急摺

奏未便湮没是以照抄原摺及用過排単滾単式樣均經註明檔案以便稽查

而期遵循特此註明

一光緒十年五月十五日呈報内務府兹查本衙門採珠三旗户口原属編隸於

都京總管内務府佐領管領下自嘉慶十五年遵文更換以來至本年已逾七
十餘載未曾行咨更換本署三旗户檔仍註上年佐領管領名目每凡官員陞
遷及鄉試之年送考其佐領管領實難查稽往往貽悮是以本署援案報請憲
台衙門飭司希將上三旗現時佐領管領名目查明 示覆以憑照換等情行文一件

誌典全書

卷六

設產硝

定例嵇查火硝

設硝店

設、硝達

設買硝執照

煎熬火硝執照

卷　六

設産硝

一乾隆四十三年十月十五日吉林將軍富康安

奏查吉林歷年官兵春秋操演及圍獵等事應用火葯皆由

盛京領取亦查吉林烏拉現産硝土是以踏勘城北山澗得水之區建修火葯

庫六間請將吉林等處需用火葯就近採買火硝仿照

盛京之例覔匠配造存貯以便急需並派專員監查而杜偷賣但吉林只産硝土

而硫磺黒鉛等物無處購買仍請准由

盛京買運等因奉

旨依奏欽此

一咸豐二年十二月二十九日准吉林將軍衙門來咨內駁據報烏屬界內所産
土硝准令収熬出售歷久不禁乾隆四十三年
奏准有案可查等情查原奏僅稱硝由吉林採買磺由奉天領取派員建造官藥
恐其民人藉得硝磺配藥滋事並無不令禁止之語視其前後辦理顯有矛盾
等因來文一件

定例稽查火硝

一咸豐三年六月十七日准將軍衙門咨文内開内閣抄出

欽差大臣兵部侍郎宗室恩華趙光奏遵

旨查辦蔚芙等私硝審明定擬一摺咸豐三年正月二十日奉

上諭恩華趙光奏遵旨審辦私硝一案分別定擬一摺此案已革佐領依祿於委查私硝輙敢聽受多贓雖畏罪禀報將銀兩全數呈出仍應按律從重問擬依祿着發往軍台効力贖罪餘着該部議奏欽此本部會議得據

欽差大臣兵部侍郎宗室恩華趙光

奏稱窃臣等於咸豐二年十一月初六日奉

上諭着派恩華趙光馳馹前往吉林查辦事件所有隨帶司員着一併馳馹前往欽此

又於十四日承准軍
機大臣字寄奉
上諭前因固慶琦忠奏審訊私硝一案並參奏主事各摺片當有旨派恩華趙光前往查辦茲有固慶以前摺未盡情形復行參奏着該侍郎等按照内各情一併查核秉公辦理毋得稍有不實不盡原摺着抄給閱看將此語令知之欽此臣等遵即率同隨帶司員兵部候補主事呼震刑部候補主事陳立於十一月二十七日馳抵吉林將全案人証卷宗提集逐細檢閱查此案以佐領依祿是否得贓為最要關鍵而固慶私硝各節亦須研究實情先將各硝犯提訊均供出畏罪行賄情事張瑞亦供出為衆硝犯賄求依祿應允收受嗣復畏懼將銀退出各情依祿先不承認經臣等於本年正月初四日參摺奏

聞將依祿革職嚴審始據供認聽允行賄得贓從甚罪退出屬實臣等親提衆犯
復加研鞫恐賄銀不止此数尚或有不寔不盡連日逐名隔别研訊加以刑嚇
各供歷歷如繪俱尚脗合似無遁飾梁月潤現已投案王希寬弋獲無期應行
擬結將依祿依律擬徒請
旨發往軍台効力贖罪張瑞蔚芙等十犯依例分别以流徒等因具
奏前來除已革佐領依祿業經奉
旨發往軍台効力贖罪毋庸議外查例載官吏受財者計贓科断有祿人枉法贓八
十两絞監候又例載凡以財行求及說事過錢者皆計贓與受財人同科無祿
人減一等有首從者為首照例科断為從無祿人减二等又内地民人煎穵窩
囤販硇磺数在十觔一下杖一百十觔一上者杖六十徒一年二十觔以上

按照五徒以次遞加五十觔以上杖一百流二千里八十觔以上者杖一百流二千五百里一百觔者杖一百流三千里多至百觔以上發近邊充軍若囤積未曾興販減興販减一等又例載聞拿投首之犯於本罪上减一等各等語此案張瑞身充鄉約輒敢代硝蔚芙等向依祿賄求自應按律問擬分别流徒折責等語均應所奏辦理逸犯王希寬應令吉林將軍嚴緝務獲究辦再該侍郎等

奏稱該將軍固慶副都統琦忠由臣等另行參奏署刑司佐領保廉於妥審案件未能究出依祿受賄各情殊屬瞻狥應與失查私硝各職名一併請

旨交部分别議處等語兵部查佐領保廉與妥審案件未能究出受賄各情殊屬瞻狥應照瞻狥例降二級調用毋庸查級紀抵銷該員係世管佐領照例每一級折罰世職半俸三年抵免降調世職至失查私硝各職名應令該將軍查明送

部再行核議等因咸豐三年三月二十三日

奏本日奉

旨依議欽此來文一件

設硝店

一查設硝店於咸豐三年八月初五日准吉林將軍衙門來咨准工部謹
奏臣等查該將軍等原奏內稱咸豐三年三月二十日奉
上諭恩華趙光奏打牲烏拉地產硝土請定章程等語着吉林將軍會同打牲烏拉
總管体查情形妥議章程具奏欽此遵即會同查得烏拉地方無業旗民藉售硝
土為生向無禁令從前設有硝達硝戶後因兵丁差繁將硝達等裁撤歸於舖
家採買此項硝土上關官用下繫旗民生計誠難概行禁止然有不可不明定
限制以杜匪人私販之弊現在体查情形悉心酌議硝達本係平人難資彈壓
硝戶另有繁差勢亦不能兼顧既經設後復撤毋庸紛更應在烏拉街市專設
官硝店一座擇殷實舖商承充除官用外其餘民間買硝照例每次不得過十

觔之数責令該官店將每日進出觔数若干買自何人售於何處登賬呈報總局衙門查驗属寔發給印照收執令其至出售地方官處呈照報明覆驗觔数相符並無情弊將照咨送查銷其在本地使用者一律報驗給照用畢就近送銷以免弊混並出示曉諭此後不准私設私賣該店所立賬簿每月送總管衙門核對仍劄飭烏拉協領吉林同知並由該城出派界官委員督同鄉地一体稽查將有無私販之處按月結報將軍衙門查核倘有故違禁令別經發覺將私販人照例治罪失查各官叅處等語臣等詳加核議硝觔為軍火要物非明定章程難期慎重查例載河南省設立硝店按照定價公平交易遇有採辦官用硝觔驗明印批發售如無官給印批不許絲毫擅賣州縣仍不時親身稽查於年底將店户收發数目分晰造冊出具並無偷漏情弊印甘各結送部備查

今打牲烏拉地產硝土既據該將軍等會議章程奏請在於該處地方專設官硝店一座擇商承充自係体查地方情形起見且與預省設立硝店之例相符應如所議辦理但吉林地屬邊遠旗民萃處若不嚴加防範流弊易生硝觔係配造官葯之物至於民間所需原非緊要既欲禁其私買宜先杜其私販嗣後民間買硝之人必須查明來歷取具舖户保結方准買用仍不得逾十觔之数至産硝處所掃土煎熬雖係旗民生計而稽查不容私販即為私買之階應責成地方官嚴行防查有犯必懲以防偷漏而清弊源並令該將軍於每歲年終將呈繳過官硝及售賣匠舖人等硝觔各數目分晰開明暨取具並無私買私售印甘册結報部查核所有臣等核議緣由理合恭摺具

奏本日奉

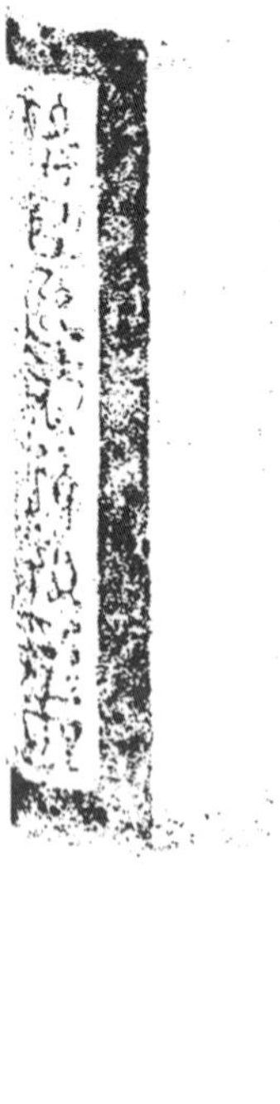

設硝達

一查設硝達於咸豐三年九月二十一日咨報將軍衙門於本年八月間准省文内開准工部咨開本部議覆内閣抄出吉林將軍景　等
奏烏拉地方售賣硝土官為經理章程一摺等因具奏奉
旨依議欽此相應恭録原奏咨覆吉林將軍欽遵辦理等因前來相應抄録原奏粘連文尾咨行烏拉總管衙門遵照辦理可也等因遵將原奏粘单劄飭爾查衙處員弁等務須遵照部議事宜將本街各舗店内妥擇殷寔舖店一處選定可靠妥協商人承充仍將選得某店字號承充商人姓氏速即呈報以憑給照辦理可也旋據該員等呈稱職等遵劄將本街鄉地傳齊公同議定北街路東泰祥店惟經事務必須家道殷寔素為老誠之人揀選本街商民萬春堪可承充

設買硝執照

一查設買硝執照於咸豐三年十一月二十五日案准工部奏准奉
旨妥議章程着在該處地方專設官硝店一座擇殷實鋪商承充查此項硝土上関
官用下繫旗民生計誠難概行禁止然不可不明定限制以杜匪人私販之弊
又查例載河南省設立硝店按照定價公平交易遇有採辦官匠硝觔驗明印
批發售如無官給印批不許系毫擅賣至民間買硝之人必須查明來歷取具
鋪保方准買用仍不得過十觔之数責令該官店將每日出入觔数若干買自
何人售於何處登賬呈報總局衙門查驗屬實發給印照收執令其至出售地
方官處呈照報明覆驗觔数相符並無情弊將照咨送查銷其在本地使用者
一律報驗給照用畢就近送銷以免弊混仍責成該地方官嚴行防查有犯必

懲以防偷漏而清弊源等因准此本衙門在街市專設官硝店一座擇殷寔商民萬春承充遇有採辦官用硝觔按照時價出售並驗明印照硝觔數目發給如無官給印照不許擅賣絲毫倘有故違者照例治罪其民間及匠鋪人等辦買硝觔每次不得過十觔之數令其自尋鋪保至該管處報明係某處旗民發給執照至硝店驗明發給硝觔出售將照報官查驗觔數相符呈繳總局衙門查銷其在本地使用者一律報驗給照用畢就近送銷以免弊混倘有故違禁令私售別經發覺將私販之人照例治罪其失察各官參處不貸勿違特照

一同治九年十一月十六日准將軍衙門咨文內開於本年閏十月初三日據烏拉總管衙門報據查界六品藍翎委章京德壽稟稱十月十五日在屬界候家屯訪獲掃熬硝觔運至省城售賣之旗丁侯安順傅保全英山傅富來侯貴海

侯丁鎖傳得順民人王萬仁等八名送省並據協領衙門報據查界驍騎校貴福等禀稱拿獲私賣火硝之馬太收披甲傅英林旗丁蘇全順等三名連查起發單一併送省擬辦前來提訊侯安順等供稱伊等曾在省城北關慶合店賣過硝觔等語隨飭差將慶合店執事人孟自操傳獲到案當經疊奉憲批交刑工司會同認真懲辦等諭遵即提犯研審據侯安順即侯宗祿各等供反覆究結委無另有不法及私販硝觔賣與他處等情案無遁飾應即擬結溯查咸豊三年前任將軍景　等遵

旨會議打牲烏拉地產硝土向所不禁奏明並無設立硝達硝户等名目是烏拉地方原不禁其煎熬該犯侯安順等九名掃熬硝觔並無違犯自不得以私行煎究論至其所販硝觔傳得順侯丁鎖係徑赴官火藥局售賣侯安順等七犯係

賣硝與慶合店而慶合店仍轉賣與官火藥局配造官藥查律例内並無私販硝觔仍係配造官藥作何治罪明文若將該犯侯安順等照興販例治罪似與內地民人私販硝觔並未賣給官局者無所區别自應酌量減等問擬查咸豐三年奏明在烏拉街設立官硝店令該處旗民所熬硝觔均運官店售賣何得故違定制除失查之官火藥局總理協領富爾丹工司掌關防副都統銜協領貴昌二員應請各記過一次及經理官火藥局辦事荒謬之委筆帖式凌祿業已革去委筆帖式披甲並枷號一月外應請將侯安順傅保全英山傅富來馬太收侯貴海傅得順侯丁鎖蘇全順蓋自操等十犯均照違

制者杖一百律擬杖一百係硝犯應從重請將侯安順傅保全英山三犯酌加枷號二十日傅富來馬太收傅得順侯丁鎖侯貴海五犯酌加枷號一個月蘇全順

所販硝觔較多酌加枷號四十日枷滿鞭責發落孟自操係屬窩囤照興販應減罪一等請免枷號杖責發落民人王萬仁訊係與傅富來傭工旗丁英林係與侯丁鎖家傭工並無同販硝觔情事應請免議即行省釋起獲硝觔業已入官失查私販出境之烏拉各界官本有應得處分惟雖失查於前尚能檢舉於後應請免其置議界官貴陞貴福前因查界不清由烏拉協領呈報奉憲批貴陞貴福俱着摘去頂戴案經訊明並無別情應請賞還頂戴各予記大過一次以示薄懲送案發單等件存公備查該犯侯安順等所得賣硝錢均已化費亦貧無力呈繳請免着追是否允協除將審擬緣由呈堂立案並劄知烏拉協領移付兵司外合亟劄仰該總管遵照可也來文一件

一同治九年十一月十六日准將軍衙門咨文內開據烏拉總管協領兩衙門呈

送旗户侯安順等在省北街慶合店私販硝觔等情一案當奉憲批交刑工司
會同嚴定章程將前弊從此永遠革除並私硝之犯收賣之慶合店及失查各
官一併擬議妥辦呈堂存案等諭飭交到司職等溯查咸豐三年嚴禁私硝
奏准章程在烏拉街市設立官硝店一座擇殷實鋪商承充除官用外其餘民間
買硝照例每次不過十觔之數該店所立賬簿每月送總管衙門核對按月結
報將軍衙門查核一切均遵舊制無事紛更至本省
奏設之官藥局需用硝觔請由將軍衙門出咨逕赴烏拉官硝店購買經該總管
衙門派員驗明每次所買觔數仍給印照運省請驗無異將照繳銷不准夾帶
私買並不得將越境販賣之硝私買配造官藥其省城及外城各項鋪户以及
鄉村市鎮概不准容留硝犯私自買賣硝觔違者照例治罪至官局配成火藥

出售時旗户捕牲習藝買用仍以該旗移付官局每次每名不得過五觔之數
廳役丁勇及民間辦團呈明地方官查寔取結移付官局每名准賣一二觔按
月由官局核總移付工司年終加結報部以免其中蒙混等弊如此詳定規
制庶及稽考愈加周密而私販弊端可以永杜且於公私兩有裨益合將職等會同
詳擬嚴禁私販硝觔章程是否允協未敢擅便理合具稟呈請憲鑒核示遵行
等因稟明除另擬嚴禁私硝告示張貼曉諭外相應呈請劄飭烏拉總管一体
遵照辦理可也來文一件

一同治九年十一月十八日准將軍衙門咨文内開為出示剴切曉諭嚴禁窩囤
私販焰硝定例摘錄數條於左

一窩囤興販硫磺十觔以下杖一百十觔以上杖六十徒一年二十觔以上以次

遞加五十觔以上杖一百流二千里八十觔以上杖一百流二千五百里一百觔杖一百流三千里百觔以上發近邊充軍若甫經窩囤尚未興販減興販罪一等焰硝每二觔作硫磺一觔科斷硝磺入官鄰保知情不首杖一百不知情杖八十挑夫船夫知情不首減本犯罪二等知情分賍與犯同罪如合成火葯賣與塩徒不問觔數多寡發近邊充軍

一凡奸民私行合成火葯在十觔以下者發近邊充軍十觔以上者照私鑄紅衣等大小炮位例處斬妻子緣坐財產入官如將硝磺濟匪以通賊論知情故縱及隱匿不首並與犯同罪以上條例各宜觸目警心如所畏惧旗民硝户人等不准私行越界販賣並責成各該地方官及界官等嚴密查拿有犯必懲經此次出示嚴禁之後倘敢抗違不遵再有私販等弊一經查出或被告發不惟將

該犯等照例嚴行懲辦並將失查之該管各官弁嚴參不貸爾等慎勿以身試法自貽後悔也至民間銀匠藥鋪染房花炮作房需用硝磺及團練習藝捕打牲畜等項需用火藥均仍照向章自赴烏拉官硝店及省城官藥局按例定觔數買用均不得稍違定章自干罪戾各宜凛遵勿違特示

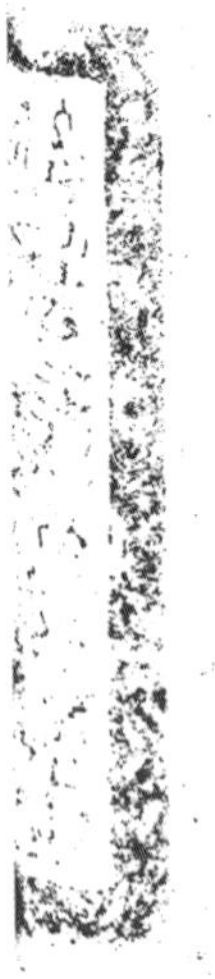

煎熬火硝執照

一查設煎熬火硝執照於同治十年九月十五日照得火硝乃係烏拉界屬所産之物旗人煎熬以為生計上関軍火之利器凡操練緝捕防圍全頼火葯而成功然所禁者尤恐旗民不肖之徒希圖重利擅將火硝私售與匪人為害是以前經
欽差奏明在烏拉街市設立官硝店以備省中配造火葯操練教圍之用當經戶部擬定私販火硝律條一凡旗民人等因積興販私運出境濟與匪人火硝十觔以下者杖一百十觔以上以次遞加至百觔者罪至流徙鄰佑並挑夫車船等處知情不首照本犯減二等治罪至私合火葯在十觔以下者發近邊充軍十觔以上者照私鑄紅衣炮位例處斬妻子緣坐財産入官知情故縱及隐匿不首與犯人同罪等因在案理合呈請劄交各界員遵照嗣後本署旗戶內如有

承充掃土熬硝者開寫旗佐花名呈請衙門發給執照以為官硝户如無執照偷熬火硝者立即拿獲送署究辦如此分别該界員等易於稽查所有熬成硝觔無論多寡即行運赴官硝店售賣以杜囤積私運私售而杜弊端日後該硝户如不煎熬仍將執照呈送衙門繳銷可也

光緒五年十一月十一日准將軍衙門咨文内開於本年十月二十二日准刑部咨開所有前事等因相應抄单行文計单開據署吉林將軍銘安咨稱烏拉總管衙門呈送吳全英等私販火硝一案此案旗人吳全英在烏拉總管衙門領照熬硝交官輙私自售硝一百八十觔並代趙德林等售賣共八百四十觔查熖硝為烏拉土產該犯即在該衙門領照熬硝未便科以煎窃之罪惟敢將熬就之硝一百八十觔私行興販照例熖硝每二觔作硫磺一觔科断核数

八十觔以上自應按例問擬吴全英除代買火硝未成不議外合照興販硫磺八十觔以上杖一百流二千五百里例擬杖一百流二千五百里係旗人照例折枷滿日鞭責發落案係擬流折枷該犯所供親老丁單應否查辦听候部議旗人陳富來奚六十四為吴全英拉車作伴均不知私賣情事惟當時並不細加查問究屬不合應比照鄰保不知情杖八十例擬杖八十鞭責發落吴全英之父吴臣圖脱子罪誣控趙五狗賣硝咎有應得姑念年逾七旬雙目俱瞽且其子業已作罪從寬免議趙德林託吴全英代賣火硝二百八十觔本干例擬業已身死於並無賣硝之趙五狗均勿庸議逸犯郭洛添等仍飭嚴緝獲日另結起獲車馬飭還火硝入官相應咨達等因前來據此吴全英等應如所咨辦理吴全英係旗人所得流罪業經照例折枷該犯供稱親老丁單之處應毋庸

議餘如所咨辦理仍令照例彙題並令飭緝逸犯郭洛添等務獲究辦相應咨覆等因准此除將吳全英照例枷責外相應照行該總管衙門查照可也

打牲烏拉地方鄉土志

［清］打牲烏拉總管衙門　纂

提要

《打牲烏拉地方鄉土志》是打牲烏拉總管衙門纂，光緒十七年（一八九一）成書，一册，八十五頁，兩萬字。主要版本爲光緒十七年（一八九一）抄本，現藏於遼寧省圖書館。

《打牲烏拉地方鄉土志》是《打牲烏拉志典全書》的續編。作爲鄉土志，記載内容廣泛，篇幅雖不如《打牲烏拉志典全書》，但爲全志。二者時間上有先後，内容上有廣狹，同源分流，一脉相承，互相印證，互相補充。《打牲烏拉地方鄉土志》亦是《打牲烏拉志典全書》的增訂，不但有《打牲烏拉志典全書》未載之内容，亦有較爲完備的體例。本志遵照統頒項目編訂，内容寬泛。尤其在金石碑文、建制沿革、城池津梁、户口田賦、名宦人物、職官選舉、風土古迹等方面，都遠超過《打牲烏拉志典全書》。

《打牲烏拉地方鄉土志》是打牲烏拉的第二部志書，是打牲烏拉地區重要的地方志資料，是吉林地區較早成書的一部方志文獻。全書涉及的範圍及内容極其廣泛，具有較高史料價值和學術價值，對研究打牲烏拉歷史具有重要意義；亦爲吉林省及東北地方志的研究提供了有價值的資料。

爲盡可能保存古籍底本原貌，本書做影印出版，因此，書中個别特定歷史背景下的作者觀點及表述内容，不代表編者的學術觀點和編纂原則。

目錄

聖製

綸音

天章 無

壇廟

建制 沿革 疆域 形勝 山川 城池

關郵 津梁 船艦 户口 田賦 職官

學校 官署 選舉 兵防 名宦 人物

忠節 孝義 文學 隱逸 無 流寓 方伎

仙釋 列女 祠祀 古蹟 陵墓 風俗

物產 雜志 藝文 無

打牲烏拉總管衙門　為遵文將本境界址内事宜採
訪各節繕造清册咨送將軍衙門查核施行須至册者
計開
聖製
一查咸豐十年
文宗皇帝頒到城裡
關帝廟
御書匾額一方其文萬世人極又於同治五年城外
關帝廟
穆宗皇帝頒到巖疆保障匾額一方均奉懸掛正殿中間
永垂萬世
一查光緒十一年四月二十五日内閣奉

上諭上年恭遇
慈禧端佑康頤昭豫莊誠皇太后五旬萬壽疊經降
旨覃敷
闓澤茲據兵部暨揚昌濬查明領隊大臣薩淩阿老親年
逾八旬允宜一體施恩該大臣之母王氏着賞給
御書匾額一方其文愛日舒長並賞給紫檀三鑲玉如意
一柄八絲貢緞一件又領隊大臣魁福老母年逾七旬允
宜一體施恩該大臣之母常氏着賞給
御書匾額一方其文金萱錫瑞均奉懸掛賞給紫檀三鑲如
意一柄八絲緞一件
綸音
雍正十年特奉

上諭烏拉牲丁甚屬蕃庶已至二三千名俱係採捕行走貫
習若練由此丁內揀其强壯者選挑一千名作爲精兵
遇有調遣以便急用其烏拉與吉林切近將此兵應交
將軍常德與總管等操演訓練熟習放何品級官員
等事着常德定議具奏欽此

天章無

壇廟

關帝廟一在城裡總署東於康熙四十九年建修正殿三間後
佛殿三間東西兩廊各三間鐘鼓樓二座馬殿三間春
秋遵文致祭

城隍廟亦在公署東於道光二十二年建修正殿三間東西
兩廊各三間馬殿三間

觀音閣在城北門外路東於道光二十四年建修正殿三間東
兩西廊各三間山門一間
娘娘廟在城西北古城內小城高台上於康熙二十九年建、
修正殿三間前有元通樓一座東西兩廊各五間山
門三間以上四廟皆係總署官廟按年派員經理香
火歲修等事
關帝廟一在城西北五里許舊街於康熙二十四年建修正殿
三間東西兩廊各三間後佛殿三間東西偏殿各三間
鐘鼓樓二座馬殿三間山門外戲樓三間同治五年
有馬賊作亂漸入烏境、
關聖帝君顯神威睜眼光立賊平匪是日泥馬汗流鐘鼓
齊鳴人皆不敢仰視至今英靈赫濯迴邁尋常

財神廟在城外西北隅於乾隆二十八年建修正殿三間東西兩廊五間山門三間

藥王廟在城外西南隅於乾隆三十年建修正殿三間後殿三間東西兩廊各五間山門三間此三廟香火歲修等事均歸公街商人經理

建制

勅立內大臣光祿大夫駐防阿爾泰等處地方將軍神道碑於乾隆丙戌歲次五月甲寅吉旦建造孫福兆總管打牲烏拉正三品加一級男穆朱祜敬立

沿革

免稅碑文曰

打牲烏拉總管衙門　為恭佈

皇恩永遵勿替事竊以本衙門自順治初年由内務府撥
設以來建衙署爲分隸之公庭別地向爲打牲之區處管
界周圍五百餘里嚴禁山河原資採捕撫恤丁壯正備差
徭故凡諸殿
貢品以及案牘俸餉均係本總管自行經理関領委非別
有節制嗣因公費停領無款可籌曾於乾隆二十六年
奏請在本街市設立牲畜斗稅以備心紅紙張之需
奏奉
諭旨交内務府大臣議
奏當経議覆以爲拉僻居蕞爾不抵吉林一隅街市
商賈俱係平常貿易迥非省會可比若立稅輸勢
必繁擾所

奏添稅碍難准行其所需紙硃等項應由吉林將軍酌核
給發等因奉
旨依議欽此本衙門遵行奉守迄今百有餘年雖咸豐同治
年間餉懸無措勢出萬難亦未敢違制生枝而苟
行新法前因本省創稅之際援案聲明寔非梗阻彼時
隨將稅務撤回並未明遵前
旨查本衙門乾隆年間得被
先皇曠典未能按界明宣日久年湮致有越稅之事是以穀
請內務府謹按所管界內烏拉街溪浪河屯大白旗
屯七台木屯缸窯屯兩家子屯鄉下集鎮六處並蒙
天恩賞給烏拉兩署津貼當差涼水泉土橋子興隆鎮等
處一併勒石銘

四

恩俾免再行滋擾但此案未敢擅專理合呈報等情當蒙內務
府咨覆除由本府存案據咨行知吉林將軍外相應咨行該
總管查照可也等因前來本衙門既屬內府之分司殊非外
旗之可比擬合明宣以彰定制則
先皇之厚澤深仁庶可家喻而户曉也於戲
鉅典煌々歷千秋而不泯
覃恩炳々耀百世而常新銘諸碑以息更張簡章可據勒
於石以昭法守鐵案難移管屬各有專司職守寔難侵
越官箴宜肅國法無親歷斯任者其慎之凜之勿違遵此

貢山南界碑文曰

打牲烏拉總管衙門　爲勒碑刻銘以垂遵照事粵惟
皇朝發跡於白山鍾靈於黑水聲教暨朔福佑大東松生凌

節之奇不等苞茅貢楚魚產細鱗之品何須蛋蛤稱
齊是以
三陵貢獻
列聖蒸嘗悉於是取之顧珍錯雖勝乎遐荒方物仍嚴夫斯
土今既畫我封疆以修養而生息豈宜任爾蠢野復蹂
躪而奸偷溯查本衙門管下產
貢山河歷年採捕松子松塔蜂蜜細鱗魚腊以備
上用嗣由咸豐年間歲祲吉林省
奏請放荒又於同治九年間復經五常堡協領假以無碍閑
荒出放隨缺官地幾乎隨山刊木尺土皆耕本衙門即欲捐達
天聽原其為軍民念切今據省員會議擬將
貢山北面挖立封堆安設內卡外營兩署分派官兵巡守其南

而由平底溝起向西至松蓬會冷風口東至土山子爲界其北至轆轤嶺以前雖係吉林禁山以該站採捕之區未便分撥兩處自此以後南由該站看護北歸烏拉稽查所有樹株河口除封禁條示外猶恐凌躐刁民公私罔識家國不分數罟斧斤仍前盜取是以於欽諭己申之後特勒豐碑皦然昭示務期家喻户曉一體遵循俾知

朝廷祭品爲尊凡出荒事不過令爾民膺苦勿得擾害河山致于讞典本憲仍不次親巡凡監守官軍與附居民衆尚其披讀勿怠

貢山北界碑文曰

烏拉總管衙門　爲勒碑刻銘整理河山事竊以徂徠新甫材重魯邦蠙珠暨魚品重禹貢故時入山林例遵王

制法嚴數畧職責虞衡矧維
皇朝根本重地祭儀尊
九祖歸内府以分司貢品獻
五陵嚴外荒而疏制此不宜以分疆錯壤而拘規也今既嚴禁地方
無難確申誥誡查本衙門專司祭品松塔蜂蜜並細鱗乾魚
所有應捕之處本署每年按季督查惟前於同治年間經
五常堡報請假以無碍閑荒藉作隨缺地畝然北界大王
砬子西界以邢國珍所領之地南界以老黑溝大青頂子至
宋維坤所領之荒東至拉林河止當出荒時准闢其土地未
及指以山河也孰意不法愚民馮才等藐視王章勾通監
守盜砍產
貢紅松不下三四萬顆又其黨蘭河設綆設甬不時網取祭魚漸

於上用有乖本署既嚴懲辦後嗣經報明　爵帥當蒙委
協領會同烏拉翼領五常廳等官查驗其隨缺地畝已由禁
地之霍倫川出放足額安得以
貢樹官河視爲可居奇貨惟此會同議擬請將當川應開荒
地不許外凡屬
朝廷祭品所需其山河應即收回仍歸烏拉採捕惟沿川居民或
有未盡知悉自此示後所有八台嶺帽兒山雷擊砬子烟
筒砬子棒棰砬子沙松嶺西背一概大小樹株不宜盜砍
沿山地畝不准再墾更有內山拉林霍倫舒蘭珠奇石頭
柳樹黃泥三叉河等口大小鱗族亦不宜肆行偷捕今特
立石碑永遠遵照雖年煙日久無摧敗於風雨庶讀法之
懸書等高懸夫日月

國法無私各宜謹懔其諭陬澁一體聞知

貢江碑文曰

打牲烏拉總管衙門　為恪守封疆勒諸貞珉事竊胙

土而崇國體任倚屏藩分疆而睦鄰封誼聯唇齒此

國家之成憲可監邊陲之經界綦嚴也溯查本衙門設網捕

魚每歲冬間本總管奏明出邊督率官弁兵丁等採

捕鱘鰉魚並五色雜魚掛氷運署報明將軍會銜分二次呈

進恭祭

壇廟之要

貢委非

內庭可比口味嗣因邊裡人烟稠密水淺魚稀前於乾隆二十六年

經本省將軍

奏明由邊外起南至松江上掌下至下紅石砬子石子灘等處止
其間沿江均為捕
貢晾網之區由望坡山以下老江身分出一岔名曰巴延河河西、
原設魚圈一處魚營二所派員看守惟因埋柵魚圈需費、
甚鉅即令看圈官丁在江干佔近曠地留養条枝高大者
作柵圈樟杆細小者為看營柴薪按年派員上下川查嚴
禁私捕侵佔地址如此辦理百有餘年敬謹奉行委無異、
說無如愚氓窺伺通場為沃土覬覦条甸如利藪從未歇
心迭有案據茲遵郭爾羅斯公報請本省將軍請將巴延
河附近通場撤回招佃輸租當經省派委員協領全福烏拉
翼領富慶會同蒙古二品頂戴花翎梅楞吉祥等會勘
將巴延河東岸兩岔分派之間俗名巴延通此通以北連脈又

名黄花崗淺碟子黏魚通等處撥給蒙古公經管並巴延河
西岸魚營荒甸一段自西南第二封堆起斜東北長七里餘由
中分界南歸蒙公北歸烏署各得一半其巴延河西五里
通張家灣一捉毛老牛圈並魚圈後花園通及楊家灣等
處撥給烏拉永為捕
貢之區至于家套仍斷歸登伊勒哲庫站經理與北公輸租
如是擬辦均以樂從等情繪圖稟請
爵帥將軍希　批示著照所議辦理是於十三年四月間經
本衙門署總管富慶會同蒙員吉祥分定界址永絕
葛藤旋蒙郭爾羅斯公來咨並函內云除歸蒙公之
巴延通業已招佃開墾輸租外其撥給烏拉附圈左右南
荒場亦令自行招佃開墾所收租賦津貼魚務以補撤

出作養參場之資永無爭競等因遵此足徵
公爺上崇國貢下便民生
鴻恩遠沛烏郡難名誠恐年湮代遠罔識遵行故勒銘永
誌以清蒙烏之接界而杜永遠之爭端永垂不朽云爾

疆域

烏拉地居在京師東北二千三百七十里至吉林省城東北七十里東至窩機口子東老封堆爲界七十餘里南至依罕阿林河口止三十五里西至石灰窑五十里北至五里橋子九十餘里東南至靠山屯東老封堆爲界七十里東北至四道梁子東老封堆爲界一百三十餘里西南至三家子屯四十里西北至八家子屯八十里週圍界址共五百六十餘里均與吉林分界

形勝

遠迎長白可謂五城鎖鑰近繞松花乃是三省通衢

山川

鳳凰山在城東北四十里層巒叠嶂誠爲諸山之冠相傳昔年曾有鳳凰棲止於上至今西北隅巨石爪跡宛然其發源嫡脈自長白蜿蜒而來鬱鬱葱葱遂與龍潭山比肩爲伍誠爲郡之鎮山也其上塑

玉皇大帝

太上老君

關聖帝君

孚佑帝君各廟香火之盛甲於一郡其西南有石洞一處每遇天陰時常有雲霧迷漫洞口隣近居民如有病災焚香禱祝立刻有應山迤東立壁亦有石洞一處内有蟒虫時常

在西南溪邊飲水神形難畧變幻無常行動風從實難切近山上舊有茅菴三間山之西舊有茅菴三間自古羽化登仙者不知幾何人也又遇每甲午庚申日陰雲密佈間有木魚之聲音韻縹緲聞望依稀寺中花木甚繁春秋無虛日杏李桃梨之屬亦多北地所無以故遊人接踵每艷稱之

尖山子在城西北四十餘里山峰獨峙高聳雲霄其鍾靈毓秀遂與伐士蘭峰接脈而來常有風鑑所言此山文筆插天最主科名之盛誠爲郡之寶山

額阿哈達峰在城西北四十里其峰每見雲出雨將至矣其巔向陽方位有一石洞內隱一蟲腸生四足恍似虬類山北根下有一泉名曰甘泉距石洞五里許每歲端陽日常見其蟲自洞而出頭入甘泉飲水而尾在洞畔盤繞形雲迷漫

瑞靄紛騰每遇歲旱佐近居民至洞祈禱無不立霈甘霖
錦州哈達山在城北二十五里南靠松江環繞北接尖山相連層
巒疊嶂削壁嵯峨其上舊有古城遺址猶在前有一石其形似人
錦佳峯在城東高七十五丈　團山城東二十三里小溪浪
河之北高五十四丈　牛山在城東南高三十丈起脈於代
門峯高一百七十二丈　古路嶺城東南三十里上建娘娘廟
一所　大砑子城東南三十里又名色哈哩哈達　猴石
山城南四十里其上有石形似猿猴　太平山城西二十里上建
關帝娘娘廟二所　九泉山城西北二十里上有仙人洞脊有九泉冬
夏長流萬寶山城西北七十里上建
關帝娘娘廟二所　聶瑪什峯城西北四十里　老牛星山城
西北五十里　撒爾達山高七十七丈　弗河庫山城西

北三十五里高二百三十二丈　伐士蘭峯在城西北高二百十
二丈松江迤西大小山峯俱由此山發脈
歷年應節採捕松子峯窩捕
貢山場著名　大土山　老黑溝　䑢艫嶺　榆樹
溝　埋台頂子　太平嶺　萬壽山　青頂子
三達阿　大王砬子　磨盤山　四合川　三岔
嶺　鈴當嶺　馬當溝　八台嶺　雷擊砬子
帽兒山　烟筒砬子　棒槌砬子　珠奇山　杉松
嶺等山俱在本城迤東與吉林五常廳接界之區本署
安設三旗營房三處勒碑兩座協署看添設卡倫按年出派
官弁兵丁以期巡守
松阿哩江自南而西北流環繞如帶即松花江也　小溪浪

河噶哈河自東南流入　敖　河　其塔木河歸入扎星、
阿河自西南流入　通氣河自西流入
捕珠上下各河口
伊吞河　柳春河　三吞河　佛多霍河　法　河
書敏河　吉爾薩河　滾　河　輝　法　河　恰庫河
托哈那爾琿河　緊　江　額和訥音河　大圖拉庫河
厄雅穆厄雅庫河　霍通厄河　富爾戶河　薩穆溪河
色　勒　河　穆欽河　斐依戶河　拉法河
溫　德　亨　河以上俱係奉天吉林所屬
噶哈哩河　鄂勒琿海蘭河　佈爾哈圖河　珠魯、
多　琿　河　瑪爾呼哩河以上俱係寧古塔所屬
海蘭河　薩爾佈河　舒蘭河　阿穆蘭河

烏蘇琿河　倭肯河以上俱係三姓所屬
阿勒楚喀河　拉林河係阿勒楚喀所屬河口
綽羅河　呼蘭河　通肯河　西北河　呑河
多畢河　二批河　霍勒斌河　孫河　阿爾欽河
占河　呼瑪爾河以上俱係黑龍江愛琿所屬
安新河　綽勒河　吉金河　雅勒河　阿倫
河　努敏河　畢拉河　澤斐音河　胡俞爾河
甘河　達巴庫哩河　固里河　嫩江源　那俞
爾河　鄂多河　訥莫爾河以上俱係齊齊哈爾墨爾根所屬
堵罟鰉魚各河
原先採捕鰉魚在吉林城南松花江上輝法河　吉爾薩河
佛多霍河　交哈河　斐胡河　穆欽河　色勒

河　薩莫溪等河前於咸豐年間因金匪狡擾報明移
在本署捕
貢山內大小河口之山東河　舒蘭河　霍倫河　珠
奇河　拉林河　溪浪河　三岔河　牡丹江
大石頭河　都林河　黄泥河以上各河雖在貢山
界內均係吉林五常廳所屬

蓄養鱘鰉魚渚

龍泉渚在松花江之左係吉林所屬界內建有官房一所按
年派官看守
巴延渚在松花江之右係蒙古扎薩克公所屬界內前建有
捕魚總營一所派官值年看守歷年冬至以前務將進
貢鱘鰉及各色魚尾俱運此營掛冰妥協總管由此發　貢

長安渚在松花江之右係蒙古扎薩克公所屬界內建有官
房一所派官值年看守
如意渚係陶賴昭站通場在該站西南十里許官房一所此處
一人看守以上四渚均係蓄養鰉魚之區

城池

烏拉舊城設自順治初年嗣至康熙四十二年因舊城屢被
水患於四十五年奉
旨遷移在舊城迤東高埠向陽之地修造城垣一座土築城墻週
圍八里每面二里各設城門一座以東西南北為名每門設堆
撥房一所中設過街牌樓二座城裡分佈旗僕佔居不准容
留浮民其商賈集鎮均在西門外立為南北東西大街中設查
街處一所以免旗民混雜而重風化坎離二宮建立牌樓二座

關郵

金珠站在城東南十五里蘇蘭站在城東北五十里

津梁

城南八里哨口舊設官擺渡一處向係總協兩署按年各派官一員在彼值年經理城南二十五里舊屯設有擺渡一處城西南八里聶斯瑪屯設有擺渡一處城西北十五里打魚樓屯設有擺渡一處東北三十五里四家子屯四十里塔庫屯四十五里佈爾哈通屯五十里溪浪口子屯七十里哈什瑪屯此五屯俱在城東北各設擺渡一處以上九處均係佐近村屯自行捐造

城西二十二里洛家屯舊有大橋一座西北十五里打魚樓屯大橋二座北二十里汪旗屯大橋一座三十里石家屯大橋一座六十里張家庄子大橋一座九十里七台木屯大橋二座東北三十五里

四家子屯大橋一座四十五里嘎牙河屯大橋一座八十五里明家橋
子屯大橋一座九十五里閔家大橋屯大橋一座八十五東孫家子
屯大橋一座共大橋十三座

船艦

烏拉原設捕珠所用大船七隻向在吉林水師營備領又用小
舢舨三百九十九隻內有仝城協署四十隻恭奉
諭旨捕打之際始行請項砍造以便使用舊有船庫一所

户口

烏拉所屬地面除在省旗人丁並撥歸協署户口以及社甲
民牌數目不計外謹按總管衙門採珠捕魚八旗冊內現今生齒
男婦子女四萬餘人

田賦

烏拉官庄在城西北八十里於康熙四十五年所設尤家屯官庄一處張家庄子屯官庄一處前其台木官庄一處後其台木屯官庄一處蜂蜜營屯官庄一處共官庄五處名為五官屯按年共應額徵官糧倉石三千零二十四石除官庄徵糧備用外其餘旗地並無賦額

一查喀薩哩荒地在城東北一百三十里共熟地一千七百垧按年額徵租錢八百吊津貼五官庄牧牛月班之需

涼水泉荒地在城東北二百里許共熟地一萬四千垧歷年額徵租錢八千四百吊津貼差務之需

職官

總管一員翼領二員分為左右兩翼其翼領與總管勷辦事務五品翼領四員其五品翼領四員各分管採珠捕魚一

翼四旗驍騎校十五員管理採珠八旗每旗各一員四路界
五官屯各一員筆帖式七員內倉官一員滿教習一員七品章
京四員七品驍騎校七員倉場筆帖式二員委官十四員恩騎
尉一員領催二十四名珠軒頭目一百十一名食珠軒頭目餉銀採
蜜領催三名經理官莊領催一名鋪副一百三十八名食鋪副
餉銀鐵匠二名仵作一名打牲丁三千九百九十三名食打牲丁、
餉銀弓匠一名學習仵作二名

學校

烏拉官學在城中過街牌樓東設自雍正七年向由八旗子弟
內揀挑十歲以上性質明敏者百餘人分設左右翼官學建修
前三間為漢學後三間為滿學由各該旗揀其學問優長騎
射熟習之人出派一名令其訓教讀書學習騎射以備選拔

膺差接年出派官一員筆帖式一員專為管理稽查功課以免
疏懈嗣於同治九年經吉林將軍富　奏設滿教習一員其漢
學仍揀選學問優長者選用週圍土築院墻板門樓一座

官署

總管官署在城裡十字街東原照依副都統衙門式樣修造大
門三間儀門一座川堂三間大堂五間内中間上供設
龍牌其川堂後設印務處五間左設銀庫吏房各三間右設松子細
鱗乾魚等庫四間川堂前各部脚色八分設採珠左右翼八旗辦
事房各五間中建儀門一座儀門外八分設東西捕魚兩翼辦事房
各三間大門三間大門前照壁一座

城東北隅設有倉廒按照地支十二字編立外加春夏二字每五間
一字共計七十間倉儲額谷兩萬石除俸谷等款外隨餉出糶備

十五

修工程其院週圍土築厚墻東西建修看守更房各三間大門一間

城西北十五里松花江左岸舊有二層魚樓一座向爲存貯本署捕打冬魚大網原設魚樓三間東西陪房各三間門樓一座週圍土築厚墻按年派人經理並在此修補大網

選舉

廂白旗顯親王包衣文樾佐領下滿洲趙富隆阿於同治四年入學十三年補廩膳生光緒八年壬午科順天鄉試中式第七十六名舉人正黃旗五品翼領全明管領下漢軍成多祿於光緒四年入學九年補廩膳生十年考取乙酉科拔貢

烏拉所屬地面北紅旗屯民人楊誠一於同治甲子科中舉

人戊辰科進士現任永年縣知縣

兵防

烏拉向無駐防官兵於乾隆五年經總管會同吉林將軍
奏准將雍正十年特奉
上諭牲丁内挑此千兵在烏拉安設衙署添官管轄分立兩翼
八旗乃與總管衙門合併捕打東珠細鱗鱘鰉五色雜魚
松子蜂蜜等差按三分之一呈交俟閑暇之時令其該管官
等操演騎射初設協領二員佐領十員防禦八員驍騎校十
員嗣於乾隆二十五年吉林將軍奏裁佐領二員驍騎校二
員又於三十年裁撤協領一員防禦四員又於嘉慶二十三年
裁撤驍騎校一員嗣於乾隆二十五年裁兵三百名撥歸寧
古塔琿春二處又於同治八年奏添滿教習一員現今協領

十六

一員佐領八員防禦四員驍騎校七員筆帖式二員甲兵七百名

名宦

廂黃旗滿洲姓傅查氏穆克登公以弱冠

聖祖仁皇帝召為侍衛出入省闥十有餘載太翁歿公襲總

管己亥歲以副都統從事西陲庚子進為前鋒統領擒

虜三千六百人雍正乙巳授為駐防阿爾泰等處地方將軍

欽賜衣帽鞍馬甲冑帑金一萬六千壬子又進爵內大臣駐巴爾

坤地方三載詎意遠三暑之甫籌傷一星之先墜訃音馳 奏

宸眷彌深內府發金禮員致祭前職榮襲於冢子茂勳顯著夫

漢青公生既盡瘁於邊廷歿復

恩賜於立壠窀國家之曠典人臣之極榮勒璘珉以紀勳垂千古

而不朽贈光祿大夫敕碑着功於墓側

額勒登保正黃旗滿洲人於嘉慶七年十二月十六日奉
上諭額勒登保總統師干公忠懋著謀勇兼優前此平定苗匪時
節經賞給侯爵嗣因勦辦邪匪遲延暫予降黜自膺經略
重任運籌決勝悉中機要躬親行陣與士卒同勞苦用能
屢獲渠魁掃除苗孽業經節次加恩晉封三等侯爵茲三省
全奏底平厥功殊偉額勒登保着晉封一等侯世襲罔替並授
為御前大臣加太子太保銜賞用紫韁以彰殊錫欽此
嘉慶廿年八月二十二日奉
上諭朕恭謁
三陵禮成本日駐蹕 盛京此次舉行一切典禮渥敷愷澤吉
事有祥因念額勒登保久歷戎行克敵致果前因平定苗
匪仰蒙

十七

高宗純皇帝錫以通侯之爵旋因勦辦教匪遲延除爵仍令帶兵打仗屢立勳功嗣經畀以經畧重任伊倍加感奮數年之間掃蕩亮渠俾以川楚陝三省地方咸臻寧輯厥功甚偉且能寔力公正操守潔清衆口交稱寔堪加尚前於大功告蕆時業經晉封一等侯授為御前大臣此次因積勞抱病不克痊

從前來朕仰副

列聖賜酬元勳並將其後裔量加恩擢以獎前勞言念藎臣宜膺殊錫額勒登保著加恩晉封三等公以示朕錫類酬庸有加無已至意欽此

嘉慶十年八月二十五日奉

上諭御前大臣領侍衛內大臣都統三等公額勒登保秉志忠誠夙嫻韜畧從前朕在藩邸時充贍達有年小心勤慎曽出綰

向金川石峯堡台灣廓爾喀等處久經行陣累立戰功嗣
又平定苗疆蒙
高宗純皇帝錫封侯爵旋因教匪滋事簡畀戎行始以遲延獲
愆終能奮勇先捷自朕授為經略大臣寔力督師衝冒霜
雪屢閱寒暑身經百戰艱險備嘗將萬數兇渠掃除淨
盡三省地方咸臻安輯寔能為國宣勞且其宅心公正力矢清
操中外滿漢臣工及外藩蒙古等即素不相識者亦不無聞
言尤為不可多得是以疊加恩獎仍錫通侯授以御前大臣、
晉加宮保並賜雙眼翎紫韁用昭殊錫此次感患痛症即因
積勞所致月前啟蹕時伊正當乞假不克扈從前來朕懷
切縈廑屢令晉京辦事王大臣等往看探視諭令安心調養、
並親解佩囊寄京賞給昨謁

陵禮成時晉封三等公復令乾清門侍衛慶惠前往看視賞賜荷
囊玉牒鹿雉等件方冀日漸痊愈長被恩光今據晉京王大臣馳
奏額勒登保於月之二十一日溘逝披覽遺章寔深震悼念其一生
忠藎不禁涕泗交集允宜寵錫飾終以示酬庸額勒登保除賞
給陀羅經被外着成親王帶領侍衛十員前往奠醊並賞給廣
儲司庫銀五千兩着派總管内務府大臣廣興為之經理喪事
朕於回鑾後以九月二十七日親臨賜奠並着慶惠到京後賞錫
物件陳之墓前烹飪賜酬並加恩立祠歲時賜祭着祿康於
地安門外相度地基動用官項營建祠宇所有工程即着祿康
督率辦理伊子謨爾賡額尚在襁褓着襲封一等侯爵給予
前俸所有額勒登保歷任降革罰俸處分悉予開復其應得
卹典仍着該部照三等公例具奏再額勒登保祖墳係在吉林

此次朕詣盛京伊奉恩扈蹕而來請假修理坟墓建立碑座
今遽焉徂謝未遂爲私着將軍秀林查看伊家祖坟修理並
爲立碑以示朕篤念勳臣澤及泉壤至意欽此錫封
御前大臣領侍衛内大臣太子太保理藩院尚書正藍旗漢軍都統三
等公世襲一等威勇侯
哈郎阿正黄旗滿洲人由世襲一等威勇侯出師西征戰必勝攻必
取掃盡妖氛西南寧靖進官御前侍衛奏事大臣厢紅旗都
統厢黄旗護軍統世襲罔替一等威勇侯任卒
貴陞字輔南正白旗滿洲人於咸豐年間由行伍從征南省屢
見奇功秩晉頭品呼敦巴魯圖官陞協領陣戰軀捐
勅封振威將軍賜葬祭銀千两世襲騎都尉兼雲騎尉生前立功處所
並原籍地方建祠

人物

廂黄旗滿洲姓傅查氏穆朱祜由三等侍衛陞總管賞戴花翎性坦和

正黄旗滿洲姓闊查氏索柱由翼領累陞吉林副都統性果毅

正黄旗滿洲姓闊查氏吉祿由倉官任滿保送引 見照例歸京當差後陞郎中累陞至吉林副都統兼理烏拉總管事務其人推清惟慎性忠敏

正紅旗滿洲姓瓜爾佳氏巴揚阿由驍騎校累陞總管歷署吉林副都統爲人寡言語性忠誠

正白旗漢軍姓依爾根覺羅氏祿權字萬鍾由四品翼領任内經吉林將軍保奏署理雙城堡總管事務治政精勤歷事敏練折獄不貴繁言兩造俱服平允堡屬時有頌揚清天政名因陞

任烏拉總管啟戟之日百姓伏路舉轅均皆依戀嗣陞總管歷署
吉林副都統兩任原品休致無疾而卒
採珠正黃旗漢軍常姓永福前於乾隆三十年由倉官任滿保送引
見隨即放為內務府主事嗣陞員外郎累陞至安徽道大有政聲為人理
事清廉官民愛戴後卒任所

孝義

烏拉採珠正白旗五品翼領英喜管下孝女趙玉姑自幼讀書嫻禮
賦質聰穎持躬淑慎平時寡言茲因伊母命婦李氏宿疾纏綿屢
經寒暑該女深明孝義親侍湯藥衣帶不解者數月復又露地焚香
虔誠祝禱願以身替又暗割臂肉和藥療親不意母卒該女幾不欲
生慟絕數次後至泣淚成血竟百勸難回漸廢眠食積憂身故當
經本署報明蒙吉林將軍會同奉天學政奏准

旌表

採珠正白旗翰待詔銜七品筆帖式富森保字錫匡生資明敏志性

純孝前因生母李氏

誥封一品夫人在日多疾屢經寒暑富森保朝夕侍立藥必親嘗牀褥

三年從無稍懈適值母病篤日夕拜禱願以身替夜不就枕者月

餘奈祝禱無靈醫藥罔效其母卒悲號幾死哭泣靡常淚盡

繼之以血寢食俱廢累日慟傷曾經族人百端勸解自恨未能

身殉遂居靈右晝夜弗離事死如生哀毀憔悴既葬結屋墳

側晨昏哭奠廬墓三年如同一日彼時闔城署周知時當採訪

之際該管翼校等官稔悉該生確情並據伊族人等呈報

未可湮沒故轉遞衙門錄註可也

採珠正紅旗附生魁喜之子監生連德自幼過繼其伯父筆帖

武魁安名下為嗣以承宗祧未幾年餘其父母相繼俱故適
俱其祖母
誥封恭人張趙氏年近七十憐其孤弱珍珠愛如珠並又躬親撫
育時刻不離彼後連德偶被火傷手足聚筋其祖母朝夕手揉
倍嘗辛苦直致百餘日始得痊愈稍長令其讀書深明孝義
祖母與孫更相依戀嗣與結婚擇定十六年六月迎娶不意是
年三月間張趙氏一病不起百藥罔效連德晝泣守寢不安席竟
至四月初二日去世連德慟不欲生勢以身殉曾經家人百般苦
勸終弗能解後謂其伯父叔曰意欲修經超度使我祖母顯
一靈驗得知居止我願亦足遂於是日修經連德齋戒沐浴凡
為佛法等事親身致禮從無稍懈又聽人言誠心念觀士音
經日誦千回必有神效連德即焚香極側日食常齋跪誦不

二十一

轂每屆七日度修大經超度意必有靈能與其祖母相見孰意百日毫無功效連德一夕念觀音經畢哭泣靡常慟絕數次忽向其生父母跪言曰超度如此百日無靈世事皆虛信不誣矣萬望將我兄弟中再揀一人過我父母名下以接後嗣我必往尋祖母始能得知其生父急呵止之曰何出不祥語此後不准再說又復加勸解以開其心不意連德暗自絕粒問之竟答已吃不用惦念不數日合掌而逝現以採辦會典之際據該族長等洞悉確情具實呈報該管翼校等官懇爲轉遞衙門以憑書註可也

烏爾喀

烏拉採珠廂紅旗人性好義一日於官屯地方拾得白金一觔急覓失銀者問明兩數還之似此遺銀不昧品行誠難足見

聲教所及無遠弗屆豈不信哉

烈女

烏拉採珠正藍旗生員吳德麟之女婚定與採珠正白旗四品翼長領同海之次子倭克精阿為妻尚未迎娶伊夫因病身故該女聞訃毀容絕粒告父母曰吾非奔喪誓不生矣其父母百勸不回遂至夫家成服盡禮親殮骨骸觀者環堵悲泣之聲慟驚鄉眾後夢其夫遣輿來迎不數日無疾而逝當經本署報明蒙吉林將軍奏准

旌表

本城西門外北街路西有民人梁文達之妻陳氏未及婚娶其夫因病身故該女聞訃泣血奔喪慟不欲生經其本族過子至今堅守冰操當蒙吉林將軍奏准

旌表

節婦

哈陞額妻王氏

金忠阿妻李氏

三達妻劉氏

富凌額妻關氏

立秋妻吳氏

南爾妻奚氏

富爾精阿妻王氏

特松阿妻趙氏

德爾妻趙氏

愛保妻高氏

泰德妻郭氏

明長妻盧氏

木勒薩妻王氏

有成妻趙氏

楊敦妻任氏

七十一妻那氏

穆精額妻郭氏

全山妻閻氏

阿林保妻常氏

七十六妻韓氏

金錢爾妻姜氏

小爾妻姜氏

烏能尼妻劉氏　安祿妻趙氏
銀生妻関氏　烏林保妻舒氏
代興妻侯氏　銀壽妻趙氏
小爾妻石氏　喜德妻萬氏
富祥妻楊氏　雙全妻関氏
連順妻劉氏　巴音佈妻趙氏
倫頭妻李氏　三喜妻趙氏
八十妻張氏　平喜妻趙氏
烏成阿妻謝氏　騰春妻奚氏
純有妻吳氏　喜亮妻関氏
老格妻張氏　明順妻李氏
九成妻趙氏　根生妻傅氏

勝德妻趙氏　佗克佗霍妻趙氏

有山妻關氏　德福妻高氏

添來妻杜氏　哈達妻趙氏

俱採珠廂黃旗人　德保妻劉氏

老格妻沈氏　海青妻舒氏

吉通阿妻關氏　斐音青額妻張氏

凌保妻楊氏　烏勒恭保妻趙氏

五十七妻趙氏　保山妻劉氏

平安妻楊氏　百達妻楊氏

烏林保妻趙氏　春良妻張氏

全福妻關氏　富成妻王氏

來兒妻王氏　榮德妻趙氏

滿福妻常氏　什金泰妻趙氏
喜拉泰妻常氏　阿勒琫阿妻趙氏
傻兒妻吳氏　明成妻侯氏
依其佘妻趙氏　尼金泰妻趙氏
祥德妻關氏　泰德妻關氏
長青妻關氏　連德妻劉氏
富貴妻佟氏　郭興保妻吳氏
敏海妻關氏　當午妻王氏
常泰妻潘氏　圖桑阿妻戢氏
全有妻關氏　富凌保妻李氏
海安妻傅氏　舒蒙額妻胡氏
九德妻李氏　富生保妻張氏

二十四

東生妻韓氏　發瑞妻常氏
烏勒恭保妻宋氏　金成妻楊氏
官成妻王氏　滿壽妻關氏
富良妻關氏　連成妻楊氏
海成妻戚氏　七格妻姜氏
八十兒妻盧氏　來成妻趙氏
麥得妻郭氏　珠祿妻舒氏
銀唆妻華氏　六十七妻李氏
依隆妻關氏　春德妻張氏
滿斗妻侯氏　春才妻盧氏
依淩阿妻石氏　喜林妻常氏
穆吉櫻額妻陳氏　玉格妻王氏

春深妻佟氏　雙山妻康氏
富勒渾妻趙氏　盛全妻奚氏
倭新佈妻常氏　俱採珠正黃旗人
三喜妻王氏　六德妻關氏
多羅隆阿妻劉氏　滿壽妻楊氏
德壽妻韓氏　八十妻佟氏
銀海妻鄭氏　全喜妻王氏
雙喜妻劉氏　全慶妻吳氏
鳳山妻葛氏　五德妻奚氏
占奎妻趙氏　全亮妻趙氏
萬有妻趙氏　舒沖阿妻王氏
富喜妻王氏　全福妻伊氏

成祥妻伊氏　嗎斯泰妻郎氏

俱採珠正白旗人

德林妻王氏

二達子妻吳氏　春兒妻趙氏

来保妻王氏　德壽妻王氏

老格妻王氏　永福妻趙氏

馬童妻佟氏　巴福妻郎氏

官音保妻劉氏　依長阿妻張氏

六達妻常氏　慶壽妻關氏

金才妻陳氏　太收妻那氏

巴圖哩山妻趙氏　喜狗兒妻韓氏

黑胖兒妻趙氏　慶喜妻楊氏

和生額妻劉氏

俱採珠正紅旗人

銀德妻屈氏　俱採珠正藍旗人
希拉布妻王氏　羌德妻高氏
富春妻趙氏　富爾青阿妻張氏
慶敏妻奚氏　舒克精阿妻莊氏
穆特佈妻王氏　三森保妻趙氏
来羣妻李氏　長明妻常氏
常生妻傅氏　田珍妻錢氏
八十九妻趙氏　吉祥妻關氏
常生妻侯氏　根羣妻趙氏
春亮妻程氏　喜成妻孫氏
富通阿妻常氏　喀爾春妻韓氏
東成妻郎氏　俱採珠廂藍旗人

德柱妻王氏
五十妻關氏
白德妻趙氏
金虎妻趙氏
麥得妻高氏
來有妻常氏
胡朗阿妻趙氏
萬春妻關氏
德隆妻關氏
俱捕魚廂黃旗人
德凌妻閻氏
巴彥泰妻楊氏
雙福妻趙氏
鈕隆阿妻吳氏
曹德妻馬氏
奇魁妻馬氏
八小妻謝氏
開春妻趙氏
張虎妻伊氏
俱捕魚正白旗人
色克精額妻趙氏
馬來妻吳氏
全有妻馬氏
壽亮妻張氏

俱捕魚廂白旗人　富精阿妻關氏
文謙妻于氏　達冲阿妻石氏
三阿春妻高氏　英順妻郎氏
俱捕魚正藍旗人　增保妻田氏
銀山妻張氏　六成妻李氏
榮德妻關氏　胡德妻魏氏
富有妻郭氏　俱捕魚正紅旗人
瑞昌妻韓氏　大小爾妻姜氏
穆通阿妻王氏　倫兒妻趙氏
羣生妻劉氏　王德妻張氏
俱捕魚正黃旗人　泰生妻傅氏
栢小兒妻傅氏　保全妻那氏

俱捕魚㕎紅旗人　長　保妻錢氏

明　福妻吳氏　俱捕魚㕎藍旗人

德　成妻郭氏　以上採珠捕魚八旗共守節孀

勒　福妻吳氏　婦二百七十八口自夫亡後篤志

扎庫奈妻關氏　完貞苦守氷操甘心荼蓼饑

雙　成妻趙氏　寒並迫均皆奏准

七十九妻徐氏　旌表

扎藍泰妻梅氏

楊　成妻劉氏

官　順妻萬氏

六十八妻張氏

石成阿妻張氏

文學

烏拉採珠廂藍旗恩貢生富森作有烏拉八景

老城舊蹟

古有城池近水邊中存舊蹟代相傳百花台閣留餘址
三寶佛尊不計年數仞垝垣巍嶺阜千秋老樹拂雲天
當時建造人何在風景依稀後勝前

古塔殘形

塔如大筆壓江東受盡人間雨若風古蹟應多增感慨
殘形無復舊玲瓏半存隱約題名字一舉成全造化功
更有詩人難寫處影虧斜映夕陽紅

西門午市

日中商旅若雲屯貿易何多不憚煩西傍松江開宝市

東臨爲郡枕城垣，辛勤蛋蛤魚翁賣，筧換烟麻野老喧。
未幾斜陽人影散，應歸白社共開樽。

南寺晨鐘

奔忙苦海不辭辛，幻境從來誰認真。寺設南方龍伏虎，
鐘懸東閣酉同寅。蒲牢了了諜雙耳，色相空空悟一身。
寄語九龍音漫歇，聲聲喚醒夢中人。

鳳閣春情

鳳山鳳閣兩崔嵬，每入春光晴景開。谷口烟籠鶯未覺，
月牙池暖鴨先來。風雲已展乾坤淨，草木復蘇造化催。
氣象萬千俯一切，登臨應不羨蓬萊。

魚樓曉景

爲貢鱘鰉築一樓，臨江曉起景偏幽。網堆舵尾魚翁睡，

月隱林梢兔魄收水撲朝烟籠四角山含晨氣潤中流
任他波浪兼天湧我在齊雲最上頭

松江圍帶

烏城自古說安邦帶繞松花第一江源出山白來萬里
流通黑水遠無雙斜環柳岸飄輕絮迴東闠都擁畫艘
曲抱闤闠三面郭應知天塹此神瀧

星石流珠

石色晶瑩歷古今相傳昔日大星沉有時流得珠如玉
便是兆茲晴亦陰練後補天還補地出將為雨必為霖
倘教萬顆輕收去觸處成雲深復深

隱逸無

流寓

黄附生名振棟字功臣迨先山東人嗣後流寓烏拉東北溪浪河南崗住生資聰明學問優暢樂讀書勤肄業教讀十數年及老歸家練道學當其沒時有隣近居民魯姓者由溪浪河歸路遇黄生為紗衮袍似城隍顏所帶人役穿帶為衣紅帽手持板索蜂擁而來魯骨某疑欲問而不得後至其家聞泣聲方知黄生即日逝矣後黄生與其弟夢曰吾陞城隍也汝等不必哀

朱毓桂祖籍山東登州府人少從父學游遂於烏拉居焉性情耿介志氣軒昂喜讀儒書究心史學終身不欲仕進每見其閉户潛修常吟抱膝嗣後寄跡園圃甘老林泉年逾七旬手不釋卷

方伎

神鍼賈名星魁奉天人善針法尤精符咒少移烏拉東北溪浪河居住治療多出奇術察人形色即知病源或藥或針莫不手到病除嗣於同治元二年間瘟疫流行以針活人者不可枚舉其餘醫不能活之症此皆得起死回生時人比之神醫咸爲稱之

仙釋

達林山西人素不茹葷學道於烏拉財神廟生來道貌清奇骨格秀雅於同治二年苦心修練至六年羽化時玉注雙垂馨香滿座

金清如奉天黃營旗人修真於鳳凰山生有異質歲旱祈雨輒夜無不神驗故山下居民無不稱之爲活神仙也將死先告人以時日後至日果合掌而逝

三十

王崇福山東登州府民人居鳳凰山相貌古奇採蘑菇拾野菜爲食與人言休咎多奇驗後忽顛狂隣近居民如生瘍結者均至告求遂手指點即愈嗣至羽化時語其徒衆曰到酉時汝見有羣鳥集噪即吾歸時矣後果如其言

王崟成本郡民人居鳳凰山有道術修練數年寒暑一衲每遇天將作風雨時預先言之無不如神後一日忽與人言吾將去矣衆皆不解問之笑不答夜半歸方丈留偈端坐玉注下垂而逝

王永富本署正黃旗人自幼務農二十餘歲在鳳凰山傭工後出家學道與衆習友誦經卷朝夕不輟持練多年亦羽化矣

祠祀

土地祠在城裡城隍廟院東建修正殿一間
倉神祠在倉場偏東正殿一間
藥王廟西院内土地祠正殿一間
昭忠祠在城東門外於同治九年建修正殿三間東西兩廊各三間大門一間週圍土築院墻内設陣亡協佐防校兵丁士卒功勲靈牌春秋遣員致祭以酬忠勇其歲修等事均歸協署經理内供官員兵丁銜名列後頭等侍衛博崇武巴圖魯訥隆春
頭品頂戴記名副都統霍騰額巴圖魯花翎佐領全陞
佐領委營總訥勒佈
花翎驍騎校副都統銜即補協領委參領密成
藍翎佐領委參領多明額

花翎防禦儘先協領副都統銜德陞阿
花翎儘先協領訥蘇肯巴圖魯富全
花翎儘先佐領協領銜伊勒通額巴圖魯倭西奈
兵丁牌位三百九十三位

古蹟

八眼窟窿星星石
城外西北隅古有一石長丈許色青潤每遇清夜之際常與星月接光相傳昔曾有南方人言石下有寶掘欲討之百計不能出石返下沉其掘乃止嗣後地漸增高直與古城並峙至今猶存
哈思呼貝勒城在城西北二里許舊有古城一座内外三層其中有台高數丈相傳此白花點將台也台南下有一橋名爲

一步三孔橋々下有地道南北能通龍潭鳳凰二山現今此
橋尚存台上東北隅有古樹一株類似榆中有一孔流水如
泉洗之能去目疾内地城西有養魚池一處傍設釣魚臺
内城東南隅又有養魚池一處今皆俱廢遺址尚存
拶根塔在城東北五十里乃古特塔也高六丈許下截根々
攤過半能容人避雨每遇狂風其塔似動然終未見其歪
農人望之上如白雲出者天必降雨
半拉鉄頭墳在城東北三十里古有一墳相傳白花將官
也現被水冲舊址俱没

陵墓

傅將軍墓在城北五里於乾隆丙辰年奉
旨建修週圍磚墻前有神道碑石柱等事其地樹木森密野草

甚繁誠為乘凉之所也每值春夏遊人踏青必至於此

額侯爺祖墓在城南四十里牛山河前口欽屯西南於嘉慶十年奉

上諭着派將軍秀林查驗建修墳墓豎碑二座其地後靠猴石

聳護前照松江圍環辰案皆齊龍虎盤踞之勢誠勝地也

風俗

性情樸厚氣質温和士秀尚文惟重詩書之禮義民知務

本誠敦稼穡之艱難

物產

東珠此係奏請奉

旨始行捕打

松子　松塔　紅白蜂蜜　鱘鰉魚

鱒魚　細鱗魛魚　翹頭白魚　細鱗白魚

草根魚　鯉　魚　鮎季魚　以上十一宗應進

國貢以烏拉地居吉屬境內之中除本署應進
貢品之外僅叙土硝大缸白小米三種其餘山川出產藥餌
暨水木各屬諒吉省俱已載之未便重複

雜志

神浦顯靈

烏拉城東北四十里閻家屯舊有巨浦形似滿月清如流泉相傳神浦內有石洞數處內居黑魚嘗見雲氣籠罩昔有人在浦邊樵採至日夕忽見有車馬自西南來形同官長及至浦邊倏忽不見又有本屯婦女乘舟在浦採菱至水中拔菱帶出鐵索一条婦女拔滿舟中幾乎舟沉仍未得其端倪婦女懼跪泣祝禱忽見索繼手自行沉入屢見神奇實難叵測

寄奇信

烏拉城北其塔木屯東南土名黑魚洞原有一泡深不見底時聞常有靈奇於同治年間本署貢進冬魚差派捕魚廂白旗委驍騎校六喜壓車至都呈進訖嗣在都城珠宝市大街辦買貨物偶遇老叟年近八旬骨格清奇手資秀雅向吳六喜言之曰汝關東人也喜答曰諾老叟由袖間取出信息一封寄囑之曰汝將書帶至本籍其塔木東南黑魚洞處高聲言曰有書到來大呼三聲自有接書人也後六喜接書携至所言之處照依行事果有青衣童子由背後而來將書接去轉瞬倏然不見

烏拉城北十二里盧家屯有李姓家以務農業於光緒

十一年春間耕耘時忽於地中耕出一物其形如卵其色似肉衆人皆驚駭後被鋤人各持鋤亂砍其內似肉又々似筋包復瘞之及夕止歸家閑言曾有老人告之曰此必太歲也又或曰此物以出應角蟲災異日至地驗之渺然不見未知是否

藝文無